DAS GROSSE BUCH DER

ZEIT

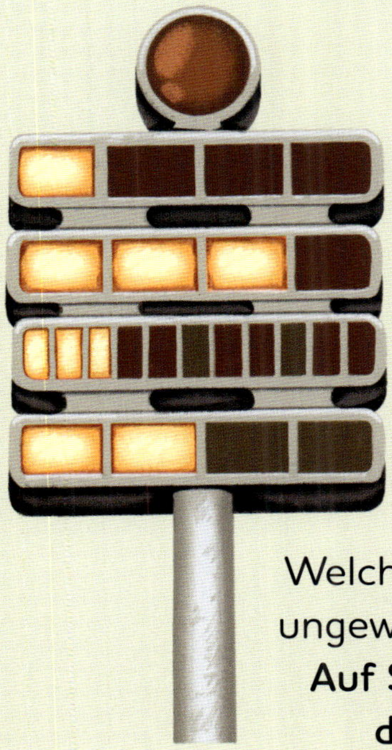

Welche Zeit zeigt diese ungewöhnliche Uhr an? **Auf Seite 35 findest du es heraus.**

Die Originalausgabe erschien 2023 bei words & pictures,
einem Imprint der Quarto Group, unter dem Titel
"Book of Time – Adventures in the Past, Present, Future, and beyond".

moses. Verlag GmbH, Arnoldstraße 13d, 47906 Kempen
Fon: 0 21 52 - 20 98 50
Mail: info@moses-verlag.de, www.moses-verlag.de

Covergestaltung: Weiß-Freiburg GmbH – Graphik & Buchgestaltung, Freiburg
Übersetzung aus dem Englischen: Stefanie Kuballa-Cottone
Lektorat: Franziska Johanna Priemer
Redaktion und Satz: Weiß-Freiburg GmbH – Graphik & Buchgestaltung Freiburg
Produktmanagement: Ina Lutterbüse

ISBN: 978-3-96455-294-5

Printed in Malaysia

COS072023

FSC www.fsc.org MIX Papier | Fördert gute Waldnutzung FSC™ C007207

DAS GROSSE BUCH DER ZEIT

VON TICKENDEN UHREN, RASENDEN SEKUNDEN UND UNENDLICHEN JAHRMILLIONEN

Wie lange dauerte ein Tag
zur Zeit der Dinosaurier?
**Die Antwort steht
auf Seite 16.**

CLIVE GIFFORD

ILLUSTRIERT VON

TEO GEORGIEV

moses.

INHALT

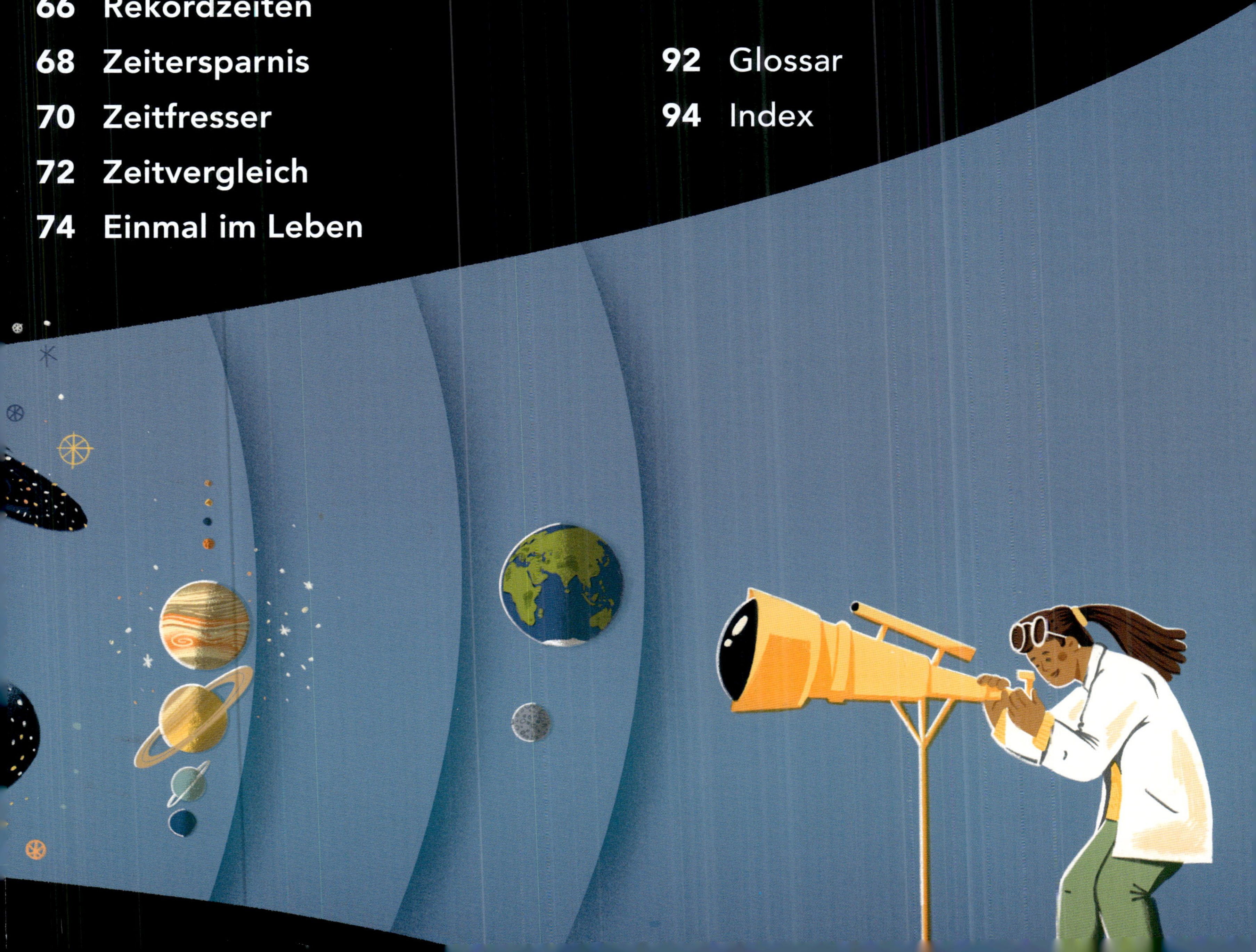

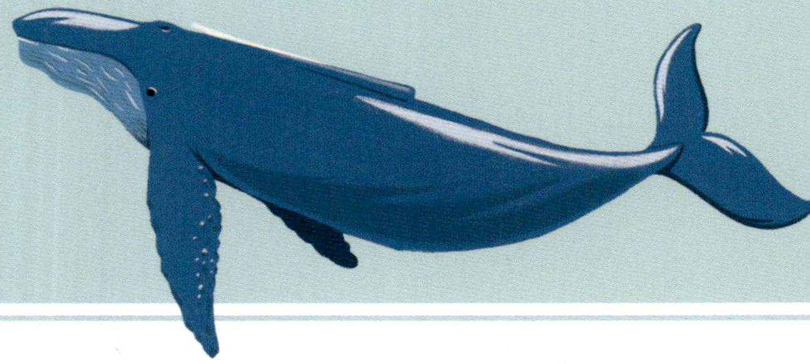

ES IST ZEIT!

Zeit ist eine merkwürdige Sache. Die Frage „Hast du heute Zeit?“ fühlt sich ganz normal an, aber wenn jemand wissen will: „Was ist Zeit?“, lässt sich das viel schwerer beantworten. Wir können Zeit sparen, vergeuden oder zur freien Verfügung haben. Zeit kann man zwar nicht kaufen, ist aber oft kostbar. Man kann zu viel davon haben und sich langweilen – oder zu wenig haben und dann gestresst sein.

Zeit kann man nicht anfassen, riechen oder schmecken, doch wir spüren, wie sie vergeht. Und obwohl eine Minute, eine Stunde oder ein Tag immer die gleiche Länge haben, scheinen manche Momente viel schneller zu vergehen als andere.

Zeit wurde angebetet und erforscht, als Instrument benutzt und als Produkt verkauft. Sie hat Aufstände verursacht und Leute reich gemacht. Dieses Buch zeigt, wie der Mensch sich die Zeit im Laufe der Jahrhunderte zunutze machte und wie seine immer genaueren, teilweise skurrilen Zeitmesser die Welt veränderten. Du erfährst, wer sich alles den Kopf über die Zeit zerbrochen hat und lernst Erfindungen kennen, die beim Zeitsparen helfen oder dich dazu verleiten, Zeit zu verschwenden.

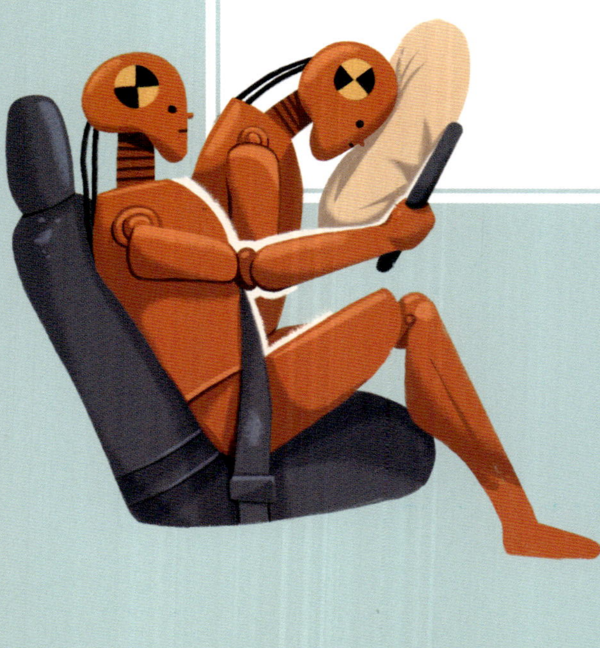

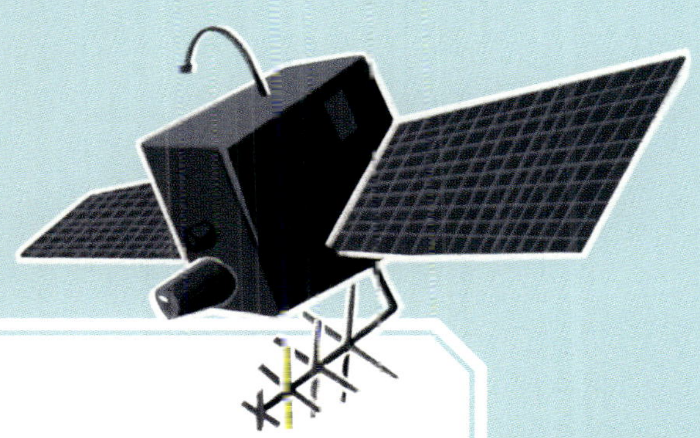

Du erfährst, inwiefern Zeit ortsabhängig ist, wie sie hilft, die Vergangenheit zu erforschen und wie sich das Verständnis von Zeit im Laufe der Jahrhunderte verändert hat.

Dieses Buch gibt Antworten auf folgende Fragen:

- **Wann war der Anfang der Zeit?**
- **Wird Zeit jemals enden?**
- **Empfinden Tiere Zeit genauso wie wir?**
- **Vergeht die Zeit auf anderen Planeten anders?**
- **Warum kommen manche Leute oft zu spät?**
- **Was ist die kleinste Zeiteinheit?**
- **Sind Zeitreisen möglich?**
- **Wo steht die größte Uhr der Welt?**
- **Gab es wirklich ein Jahr mit 445 Tagen?**

Und du hast die Möglichkeit, einen Rekord zu brechen ...

... wenn deine Zeit es dir erlaubt!

ZEIT IM ALLTAG

Zeit beeinflusst unser Leben jeden Tag, selbst wenn wir weder Armbanduhr noch Handy dabeihaben. Sie sorgt dafür, dass Autos und Computer funktionieren, dass Waren geliefert und Dienstleistungen erbracht werden, und sie ermöglicht uns ein sicheres Leben.

In vielen Sportarten spielt Zeit eine wichtige Rolle, etwa beim Zeitfahren im Radsport, der Spielzeit im Fußball oder den Bestzeiten im Laufsport.

Fabriken setzen auf die *Just-in-time*-Produktion, d. h. Rohmaterialien oder Bauteile werden erst dann geliefert, wenn sie in der Fertigungsstraße benötigt werden.

Die Dauer der Rot- oder Grünphase einer Ampel wird manchmal geändert, damit der Verkehr besser fließt.

Stundenpläne gliedern den Schultag. Wie lange der Unterricht dauert, ist von Land zu Land verschieden: In Taiwan z. B. beginnt der Schulalltag teilweise schon um 7:30 Uhr und endet oft erst um 17 Uhr.

Reisende verlassen sich auf die Fahrpläne von Bus und Bahn, um rechtzeitig ans Ziel zu kommen. An modernen Haltestellen informieren Anzeigetafeln darüber, wann die nächste Bahn bzw. der nächste Bus kommt.

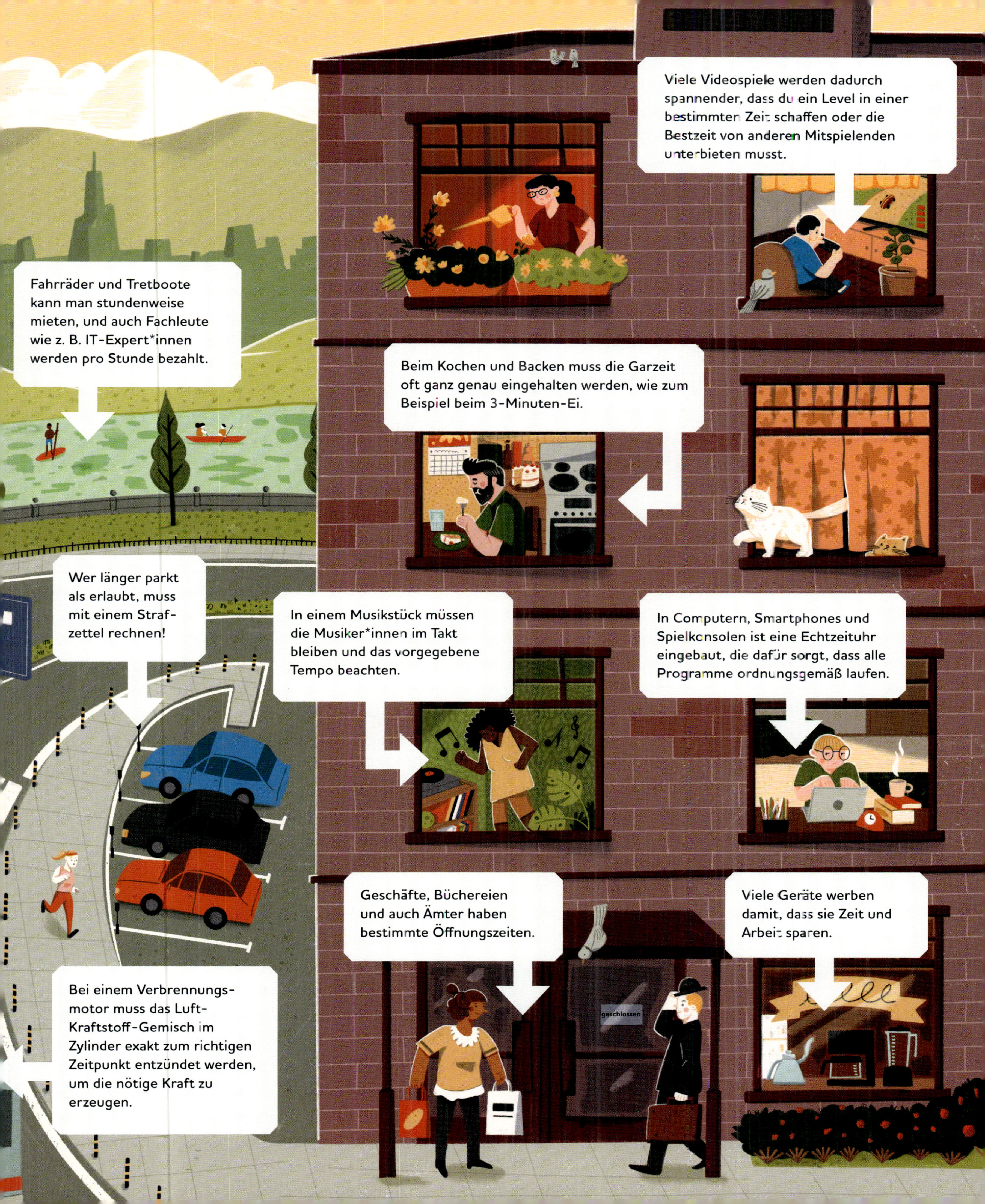

Viele Videospiele werden dadurch spannender, dass du ein Level in einer bestimmten Zeit schaffen oder die Bestzeit von anderen Mitspielenden unterbieten musst.

Fahrräder und Tretboote kann man stundenweise mieten, und auch Fachleute wie z. B. IT-Expert*innen werden pro Stunde bezahlt.

Beim Kochen und Backen muss die Garzeit oft ganz genau eingehalten werden, wie zum Beispiel beim 3-Minuten-Ei.

Wer länger parkt als erlaubt, muss mit einem Strafzettel rechnen!

In einem Musikstück müssen die Musiker*innen im Takt bleiben und das vorgegebene Tempo beachten.

In Computern, Smartphones und Spielkonsolen ist eine Echtzeituhr eingebaut, die dafür sorgt, dass alle Programme ordnungsgemäß laufen.

Geschäfte, Büchereien und auch Ämter haben bestimmte Öffnungszeiten.

Viele Geräte werben damit, dass sie Zeit und Arbeit sparen.

Bei einem Verbrennungsmotor muss das Luft-Kraftstoff-Gemisch im Zylinder exakt zum richtigen Zeitpunkt entzündet werden, um die nötige Kraft zu erzeugen.

ZEIT UND RAUM

Wir sprechen über Jahrzehnte, Jahrhunderte und Jahrtausende, aber die Wissenschaft rechnet in viel größeren Zeiteinheiten. Die allem übergeordnete Größenordnung ist die kosmische Zeit: Mit ihr kann die Geschichte des gesamten Universums beschrieben werden.

Kosmischer Kalender

Viele Jahrhunderte lang glaubten die Menschen, dass die Erde und das Universum nur ein paar tausend Jahre alt seien.

Kosmische Zeit

Das Universum umfasst all das, was wir kennen: vom kleinsten Atom bis zur größten Galaxie. Vermutlich begann alles mit dem sogenannten Urknall: Von einem Punkt ausgehend, hatte er eine unvorstellbar große Ausbreitung von Raum und Materie zur Folge. Die Wissenschaft schätzt, dass dieser „Big Bang“ vor etwa 13,77 Milliarden Jahren stattfand, plus-minus 40 Millionen Jahre – wenn man in Milliarden rechnet, sind ein paar Millionen eine vertretbare Fehlerspanne!

Man geht davon aus, dass es in unserem Universum kein „vor“ dem Urknall gab, weil mit ihm erst Raum, Materie und Zeit entstanden.

Heute wissen wir, dass wir in Milliarden Jahren rechnen müssen und dass die Erde relativ spät auf der Bildfläche des Universums erschienen ist.

Mit dem kosmischen Kalender lässt sich das anschaulich darstellen: Die gesamte kosmische Zeit wird hierbei in ein Erdjahr gequetscht. Der Urknall markiert den Beginn am 1. Januar.

Altes Licht

Das Licht benötigt viel Zeit, um durch die Weiten des Weltalls zur Erde zu gelangen. Wenn wir einen Stern sehen, der 1 Million Lichtjahre entfernt ist, sehen wir, wie er vor 1 Million Jahren ausgesehen hat. Immer wenn wir in den Weltraum schauen, blicken wir in die Vergangenheit.

IN KÜRZESTER ZEIT

In schnellen Sportarten zählt jede Zehntel-, Hundertstel- oder sogar Tausendstelsekunde. Aber für bestimmte Messungen wird die Sekunde in noch kleinere Bruchteile zerlegt!

Millisekunden

Beginnen wir mit der kleinsten Zeiteinheit auf einer Stoppuhr. Eine Millisekunde ist der tausendste Teil einer Sekunde, also 0,001 Sekunden. In 11 Millisekunden stößt zum Beispiel dein Körper fünf oder sechs Hautzellen ab, während ein Millisekundenpulsar (ein rotierender Neutronenstern im Weltall) sich einmal um seine Achse dreht – die Erde braucht dafür 24 Stunden!

Innerhalb von 40–70 Millisekunden registriert ein Auto einen Unfall und bläst Airbags auf, um die Insassen vor Verletzungen zu schützen.

In 400 Millisekunden kann ein Baseball aus der Hand des Pitchers den Schläger erreichen. Zischhhhh!

Sprinter*innen brauchen etwa 160–190 Millisekunden, um auf den Startschuss zu reagieren und loszulaufen.

Mikrosekunden

Eine Mikrosekunde ist der millionste Teil (0,000001) einer Sekunde. Einmal mit den Augen zu blinzeln, kann 150.000 Mikrosekunden dauern. Einige ziemlich explosive Dinge spielen sich innerhalb von wenigen Mikrosekunden ab, beispielsweise die Explosion einer Dynamitstange (24 Mikrosekunden) oder das Zerplatzen eines Luftballons (10 Mikrosekunden).

Nanosekunden

Eine Nanosekunde ist der milliardste Teil (0,000000001) einer Sekunde. Wenn du einmal blinzelst, verpasst du Millionen von ihnen! Die Atomuhren, die Bestandteil von GPS-Satelliten (siehe S. 40) sind, gehen auf 3 Nanosekunden genau.

In 1 Nanosekunde legt das Licht ca. 29,9 cm zurück – das entspricht etwa der Länge eines Lineals.

Pikosekunden

Das ist der billionste Teil (0,000000000001) einer Sekunde oder, anders gesagt, der millionste Teil einer millionstel Sekunde. Licht braucht für die Reise von der Erde bis kurz hinter den Mond $1\frac{1}{4}$ Sekunden, aber in $1\frac{1}{4}$ Pikosekunden legt es weniger als 0,4 mm zurück!

Obwohl die Einheit so winzig ist, kann es wichtig sein, derart kleine Zeitspannen zu erfassen: Laser, Funkfrequenzen und die Arbeitsgeschwindigkeit von Computern werden in Pikosekunden gemessen. Ein leistungsstarker PC mit 4,5-GHz-Prozessor braucht 222 Pikosekunden, um zwei Zahlen zu addieren.

Femtosekunden

Jetzt wird es verrückt: Eine Femtosekunde ist der billiardste Teil (0,000000000000001) einer Sekunde! Eine Pikosekunde hat 1.000 Femtosekunden. In diesem Bereich schwingen die Atome in Molekülen. Chemiker*innen verwenden spezielle Laser, um bestimmte chemische Reaktionen in Femtosekunden zu messen.

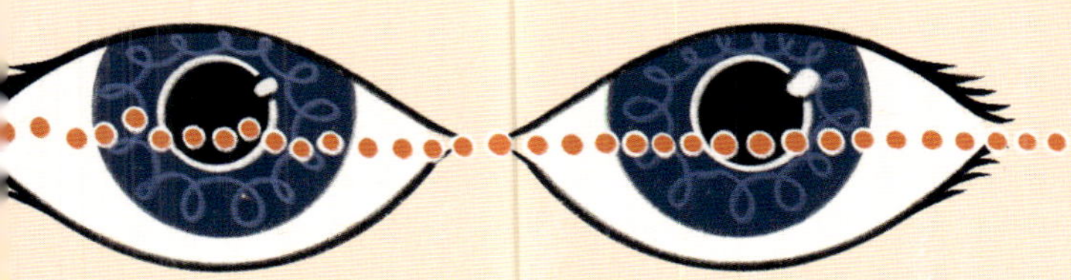

Wenn Licht auf deine Augen trifft, brauchen die lichtempfindlichen Sinneszellen deiner Netzhaut etwa 200 Femtosekunden, um zu reagieren.

Noch kleiner

2020 gelang deutschen Atomphysiker*innen eine Messung in einer noch kleineren Zeiteinheit. Eine Zeptosekunde ist **1 Million Mal** kleiner als eine Femtosekunde. Licht braucht 247 Zeptosekunden, um ein Molekül aus zwei Wasserstoffatomen zu durchqueren.

RUND UMS JAHR

Geläufige Zeiteinheiten wie Tage und Jahre basieren darauf, wie unser Planet sich durch das All bewegt. Die Erde legt auf ihrer Bahn rund um die Sonne schwindelerregende 29,78 km pro Sekunde zurück. Das sind 107.208 km pro Stunde – 335 Mal schneller als ein Formel-1-Rennwagen!

SCHALTTAGSKIND
Die Chancen, dass ein Kind an einem 29. Februar geboren wird, stehen 1 : 1.461.

Schaltjahre

Obwohl die Erde rasend schnell durchs Weltall flitzt, braucht sie 365,242189 Tage, um die Sonne einmal zu umrunden. Die Nachkommastelle ist ein Problem: Sie bedeutet, dass unser Jahr aus 365 Kalendertagen nicht ganz mit der Zeit übereinstimmt, die die Erde für einen vollen Umlauf braucht. Um diese Unstimmigkeit zu korrigieren, haben wir alle vier Jahre ein Schaltjahr, in dem der kürzeste Monat einen zusätzlichen Tag bekommt. Dieser „Schalttag" ist immer der 29. Februar.

Genau genommen ist die Sache mit den Schaltjahren aber etwas komplizierter. Eigentlich bräuchten wir alle 400 Jahre 97 Schaltjahre statt 100, um unseren Kalender mit der Sonnenumkreisung in Einklang zu bringen. Deswegen ist jedes Jahr, das durch 100 teilbar ist, kein Schaltjahr – es sei denn, es ist durch 400 teilbar. Wie gesagt, es ist kompliziert! Während also das Jahr 2000 ein Schaltjahr war, wird das Jahr 2100 keines sein.

Schieflage

In vielen Teilen der Welt gibt es Jahreszeiten mit typischen Wetterbedingungen und Temperaturen. Diesen Umstand verdanken wir einem Ereignis vor etwa 4,5 Milliarden Jahren. Die Erde war noch jung, als ein rätselhaftes Objekt – Wissenschaftler*innen tauften es Theia – mit ihr kollidierte. KRACH!

Die Erde geriet aus dem Gleichgewicht und bekam Schlagseite. Deswegen befindet sich bei unserem Planeten der Nordpol nicht exakt am oberen Ende, sondern ist um 23,4 Grad verschoben. Dieser Winkel hat Einfluss darauf, wie das Sonnenlicht auf die Erde scheint, während die Erde die Sonne umkreist.

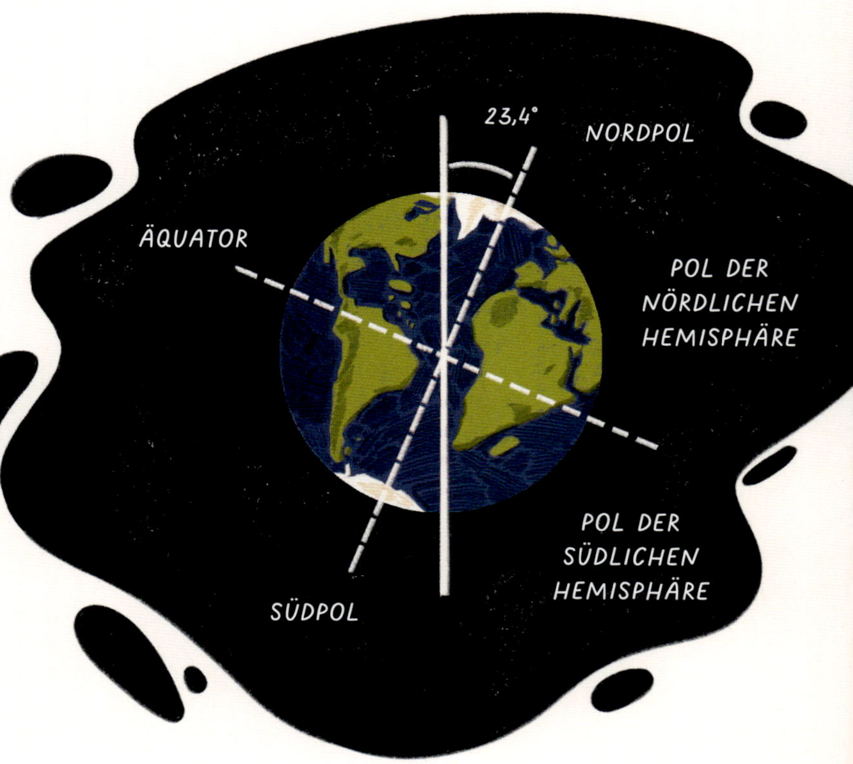

Bei Theias Aufprall auf der Erde wurde viel Materie in den Weltraum geschleudert, aus der vielleicht der Mond entstanden ist.

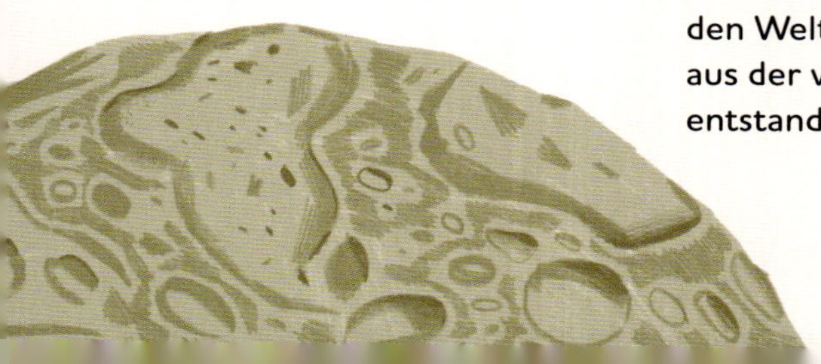

Der Lauf der Jahreszeiten

Man kann die Erde in zwei Halbkugeln (auch Hemisphären genannt) teilen. Getrennt werden sie vom Äquator, einer imaginären Linie, die rund um die Mitte der Erde verläuft. Da unser Planet die Sonne umkreist, wird durch die geneigte Achse immer eine der beiden Hemisphären stärker von der Sonne beschienen und erhält daher mehr Sonnenenergie.

Im Juni, Juli und August ist der Nordpol der Sonne zugeneigt, sodass die Nordhalbkugel mehr Energie empfängt – es herrscht Sommer. Wenn auf der Nordhalbkugel Sommer ist, dann ist im Süden Winter: Die Südhalbkugel ist von der Sonne weg geneigt und bekommt weniger Energie ab, deswegen ist es dort kälter. Und wenn auf der Südhalbkugel Sommer ist, ist im Norden Winter!

Nicht überall auf der Welt gibt es vier Jahreszeiten. Am Äquator und in seiner unmittelbaren Nähe ändert sich das Klima während des Jahres kaum, da die Erdneigung dort nicht relevant ist. In vielen dieser Regionen gibt es zwei Jahreszeiten: eine lange Trockenzeit und eine kürzere Regenzeit (die sich allerdings oft länger anfühlt, als sie tatsächlich ist!).

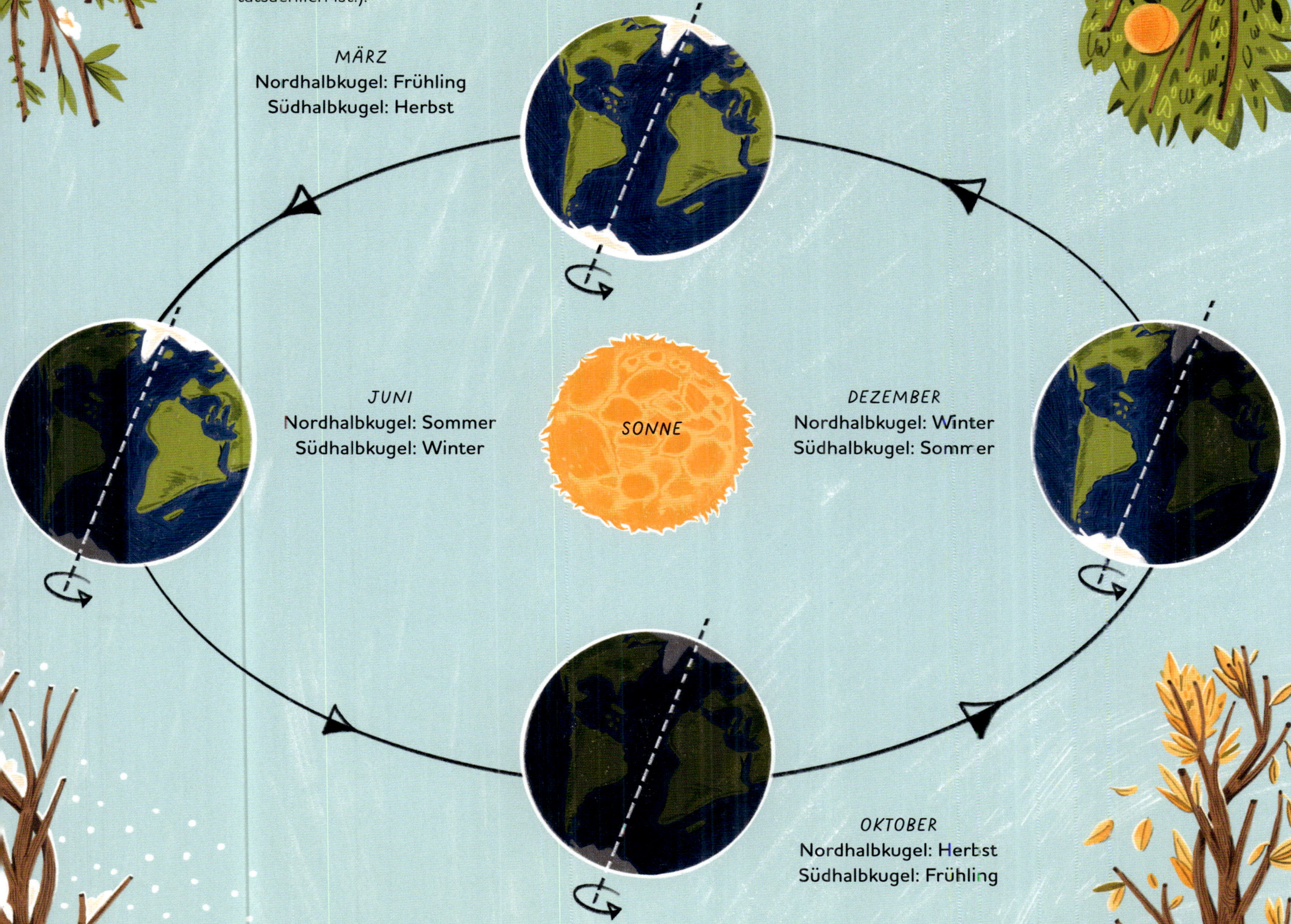

WIE LANG IST EIN TAG?

Eigentlich haben alle Tage ungefähr die gleiche Länge, jedoch scheint ein Tag im Freizeitpark schneller zu vergehen als einer, an dem man die üblichen nervigen Pflichten erledigen muss. Ein Tag auf der Erde war aber nicht immer 24 Stunden lang, und ein Jahr hatte auch nicht immer 365 Tage.

Dino-Tage

Vor etwa 68 Millionen Jahren, als die Erde von Dinosauriern bevölkert war, waren die Tage ein wenig kürzer, und ein Jahr hatte auch mehr Tage als heute. Der Tag eines *Tyrannosaurus rex* war $23\frac{1}{2}$ Stunden lang, und ein Jahr zählte damals 372 Tage.

In der Zeit davor waren die Tage sogar noch kürzer. Vor etwa 600 Millionen Jahren dauerte ein Tag rund 21 Stunden, und ein Jahr zählte mehr als 410 Tage.

Noch weiter in der Vergangenheit, vor ungefähr 1,4 Milliarden Jahren, war ein Tag nur 18 Stunden und 42 Minuten lang, und ein Jahr hatte 470 Tage. Das lag daran, dass die Erde sich damals schneller um ihre eigene Achse drehte!

Es geht rund!

Der Planet, auf dem du stehst, bewegt sich auf seinem Weg um die Sonne nicht nur durchs Weltall, sondern dreht sich auch wie ein Kreisel um sich selbst und zwar ziemlich schnell. Am Äquator dreht sich die Erde mit einer Geschwindigkeit von etwa 1.670 km/h – fast doppelt so schnell wie ein Düsenjet! Wir bemerken das nicht, weil wir uns mit dem gleichen Tempo mitdrehen. Durch die Erdrotation erleben wir den Wechsel von Tag und Nacht.

Die Erde dreht sich um ihre eigene Achse – gegen den Uhrzeigersinn.

Die Erde braucht für eine volle Umdrehung (360°) durchschnittlich 86.400 Sekunden (24 Stunden).

Auf dem Teil des Planeten, der der Sonne zugewandt ist, ist es Tag.

Bremsende Flut

Warum drehte sich die Erde früher schneller als heute? Das liegt zum Teil an unserem nächsten Nachbarn, dem Mond, der uns aufgrund der Erdgravitation (Erdanziehungskraft) umkreist. Aber auch vom Mond gehen Gravitationskräfte aus.

Die Anziehungskraft des Mondes wirkt sich unter anderem auf das Wasser auf der Erdoberfläche aus und treibt die Gezeiten an, also den Wechsel zwischen Ebbe und Flut. Der Mond erzeugt einen Flutberg auf der Seite der Erde, die dem Mond zugewandt ist. Das führt dazu, dass die Erde sich ein klein wenig langsamer um sich selbst dreht, weil das Mitschleppen des Flutbergs Energie kostet.

Der durch die Anziehungskraft des Mondes erzeugte Flutberg verlangsamt die Erdrotation.

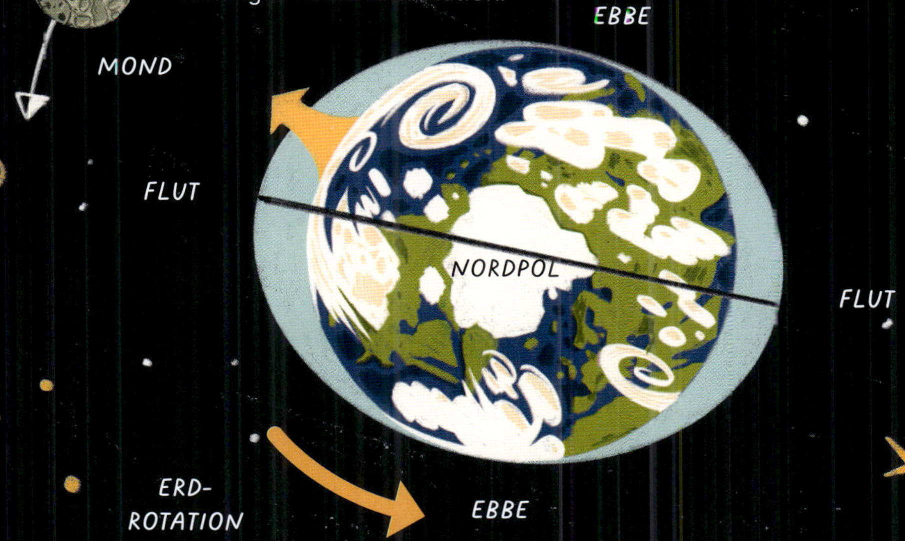

Dadurch werden die Tage minimal länger, allerdings nur 1,7 Millisekunden (0,0017 Sekunden) alle 100 Jahre. Bis zum 25-Stunden-Tag und einem 350-Tage-Jahr wird es daher noch 200 Millionen Jahre dauern. Du musst also von einer Geburtstagsfeier zur nächsten weiterhin 365 Tage warten!

Stets zu Diensten!

Die Geschwindigkeit der Erdrotation wird vom sogenannten Internationalen Dienst für Erdrotation und Referenzsysteme (IERS) überwacht. Dieser „Erdrotationsdienst“ mit Sitz in Paris entscheidet, wann es nötig ist, die Uhrzeit zu korrigieren, um mit dem wechselnden Erdrotationstempo übereinzustimmen.

2016 verordnete der IERS am Ende des Jahres allen Uhren eine zusätzliche Schaltsekunde. Dadurch war das Jahr 2016 eine Sekunde länger als andere Jahre.

Schaltsekunden werden jeweils um Mitternacht entweder am 30. Juni oder am 31. Dezember ergänzt. Seit 1972 kamen insgesamt 27 Schaltsekunden hinzu.

ZEIT IM WELTALL

Wenn wir Erdlinge in den Weltraum aufbrechen, um ihn zu erforschen, messen wir alles in Erdtagen, -jahren und -stunden. Aber wie lange sind die Tage und Jahre auf anderen Planeten? Wie fühlt sich Zeit für Astronaut*innen im All an?

Merkur und Venus

Die Erde braucht 24 Stunden, um sich einmal um ihre eigene Achse zu drehen (ein Erdtag), und 365 Tage, um die Sonne zu umrunden (ein Erdjahr). Andere Planeten brauchen mehr oder weniger Zeit für ihre Rotation und Kreisbahn. Auf dem langsam rotierenden Merkur dauert ein Tag 58 Erdtage, während auf der Venus ein Tag länger als das dortige Jahr ist! Das klingt verrückt, aber die Venus braucht 243 Erdtage für eine Umdrehung, jedoch nur 224,7 Tage, um die Sonne einmal zu umkreisen.

Internationale Raumstation

Die Astronaut*innen an Bord der Internationalen Raumstation (ISS) fliegen etwa alle 90 Minuten einmal um die Erde. Sie rasen so schnell durchs All, dass sie jeden Tag 16 Sonnenauf- und -untergänge erleben! Damit sie nicht die Orientierung verlieren, halten sie einen strengen 24-Stunden-Plan ein. Dieser beginnt mit dem Weckruf um 6 Uhr und endet mit $8\frac{1}{2}$ Stunden Schlaf.

Welche Uhrzeit gilt auf der ISS?

Die Astronaut*innen der Internationalen Raumstation tragen oft zwei Uhren: Eine zeigt die Koordinierte Weltzeit (siehe S. 42), die andere die „abgelaufene Missionszeit“ (auf Englisch *Mission Elapsed Time*, MET). Diese beginnt zum Zeitpunkt des Starts der Mission, also dem Abheben der Raumfähre. Wenn die Uhr zum Beispiel 7:02:01:00 MET anzeigt, bedeutet das, dass seit dem Start 7 Tage, 2 Stunden und 1 Minute vergangen sind.

Mars

Die Erde ist nicht der einzige Planet, auf dem es wegen seiner Schieflage Jahreszeiten gibt (siehe S. 14). Auch auf dem Mars ändern sich im Laufe des Jahres die Wetterverhältnisse, denn ähnlich wie unser Planet, hat er eine 25-Grad-Neigung. Zwar gibt es keine Lebewesen oder Pflanzen auf dem Mars, an denen man das erkennen könnte, aber Astronom*innen beobachten die Eiskappen des Planeten: Sie schrumpfen im Sommer und wachsen im Winter. Da der Mars für seine Sonnenumrundung fast doppelt so lang braucht wie die Erde – 687 Tage, um genau zu sein, – dauern auch die Jahreszeiten doppelt so lange.

Jupiter

Die Erde passt 1.300 Mal in den Jupiter. Für seine Größe bewegt sich der Gasball ganz schön schnell: Mit 43.000 km/h dreht er sich um sich selbst! Der Jupiter-Tag ist somit der kürzeste im ganzen Sonnensystem, da er – am Äquator gemessen – nur 9 Stunden und 50 Minuten dauert.

Neptun

Wenn du gerne Geburtstag feierst, sei froh, dass du nicht auf dem Neptun lebst! Abgesehen davon, dass es auf dem eisigen Riesenplaneten keine feste Oberfläche gibt, braucht er ungefähr 165 Erdjahre, um die Sonne einmal zu umrunden. Das bedeutet, du könntest niemals Geburtstag feiern.

Uranus

In Sachen Schieflage kann es kein Planet mit dem Uranus aufnehmen. Seine Achsneigung beträgt knapp 98°. Das hat zur Folge, dass im Sommer einer der Uranus-Pole und ein Großteil der dazugehörigen Hemisphäre 21 Jahre lang durchgehend der Sonne ausgesetzt ist. Entsprechend bleibt es auf der Winterseite 21 Jahre lang dunkel. Die Temperaturen sinken auf -224,2 °C. Kälter wird es in diesem Sonnensystem nicht. Brrrr!

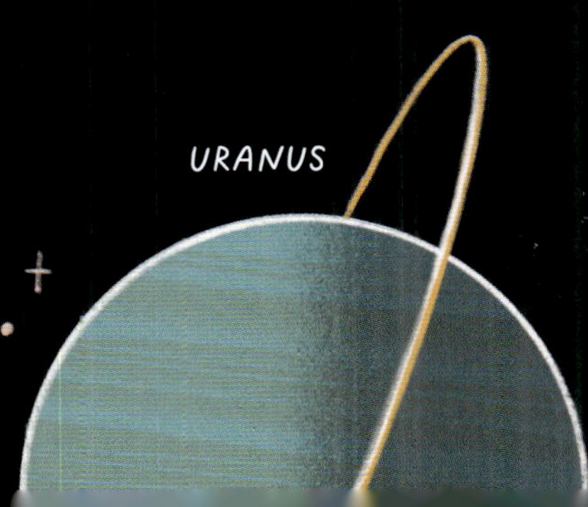

HOCH AM HIMMEL

Schon die Menschen der Urgeschichte beobachteten die große, strahlende Kugel, die jeden Tag Wärme und Licht brachte. Sie verfolgten die Bahn der Sonne am Himmelszelt und fanden heraus, dass ihre genaue Position mit dem Vergehen der Zeit zusammenhängt.

Immer um 12 Uhr mittags erreicht die Sonne ihren Höchststand am Himmel. Die Höhe ändert sich im Laufe des Jahres.

Sonnenwende und Tag-Nacht-Gleiche

Die Sommersonnenwende ist der Tag mit dem höchsten Sonnenstand im ganzen Jahr. Auf der Nordhalbkugel ist es üblicherweise am 21. Juni so weit, auf der Südhalbkugel am 21. Dezember. Die Sommersonnenwende geht mit der kürzesten Nacht und dem längsten Tag des Jahres einher.

Die Wintersonnenwende ist am 21. Dezember auf der Nordhalbkugel und am 21. Juni auf der Südhalbkugel. Der mittägliche Sonnenstand ist der niedrigste des ganzen Jahres, was mit dem kürzesten Tag und der längsten Nacht einhergeht.

Die Tag-Nacht-Gleichen (Äquinoktien) liegen auf halbem Wege zwischen den Sonnenwenden, also im März (Frühlingsäquinoktium) und September (Herbstäquinoktium). Tag und Nacht haben dann die gleiche Länge.

Mittsommer- und Mittwinter-Monumente

Die Menschen der Jungsteinzeit errichteten einige verblüffende Bauwerke, die nach verschiedenen Sonnenständen ausgerichtet waren. Die Hügelgrabanlage Newgrange in Irland wurde vor über 5.000 Jahren erbaut. Sie ist so ausgerichtet, dass die Strahlen der aufgehenden Sonne zur Wintersonnenwende direkt durch einen 19 m langen, schmalen Gang fallen und eine steinerne Grabkammer in helles Licht tauchen.

Stonehenge

Dieser riesige, über 4.000 Jahre alte Steinkreis in England zeugt von erstaunlichen architektonischen und astronomischen Kenntnissen. Zur Sommersonnenwende geht die Sonne hinter dem 30 t schweren Fersenstein auf und scheint auf den Altarstein, der sich etwa 77 m entfernt im Zentrum der Anlage befindet.

Die Steine von Stonehenge sind auch für den Sonnenuntergang zur Wintersonnenwende ausgerichtet. Das letzte Licht jenes Tages fällt durch einen Trilithen – eine Art Torbau aus zwei Tragsteinen und einem quer aufliegenden Deckstein.

Sonnwendfeiern

Die Wintersonnenwende war ein Grund zum Feiern, denn nun wurden die Tage endlich wieder länger. Einige vorgeschichtliche europäische Völker wie die Kelten begrüßten beide Sonnenwenden mit großen Freudenfeuern. Sie glaubten, dass die Flammen der Sonne neue Kraft verleihen und ihr helfen würden, gestärkt zur kommenden warmen Wachstumsperiode zurückzukehren.

Chankillo

Diese 2.300 Jahre alte Anlage in Peru besteht aus 13 Türmen, die eine fast 300 m lange Linie bilden. Von einem bestimmten Punkt aus betrachtet, steht jeder Turm 10 Tage lang vor der aufgehenden Sonne. Wahrscheinlich hatten die Erbauer ihre Zeit in 10-Tage-Wochen unterteilt. Zu den Sonnenwenden steht die Sonne vor den beiden Randtürmen zur Tag-Nacht-Gleiche vor dem mittleren Turm – genial!

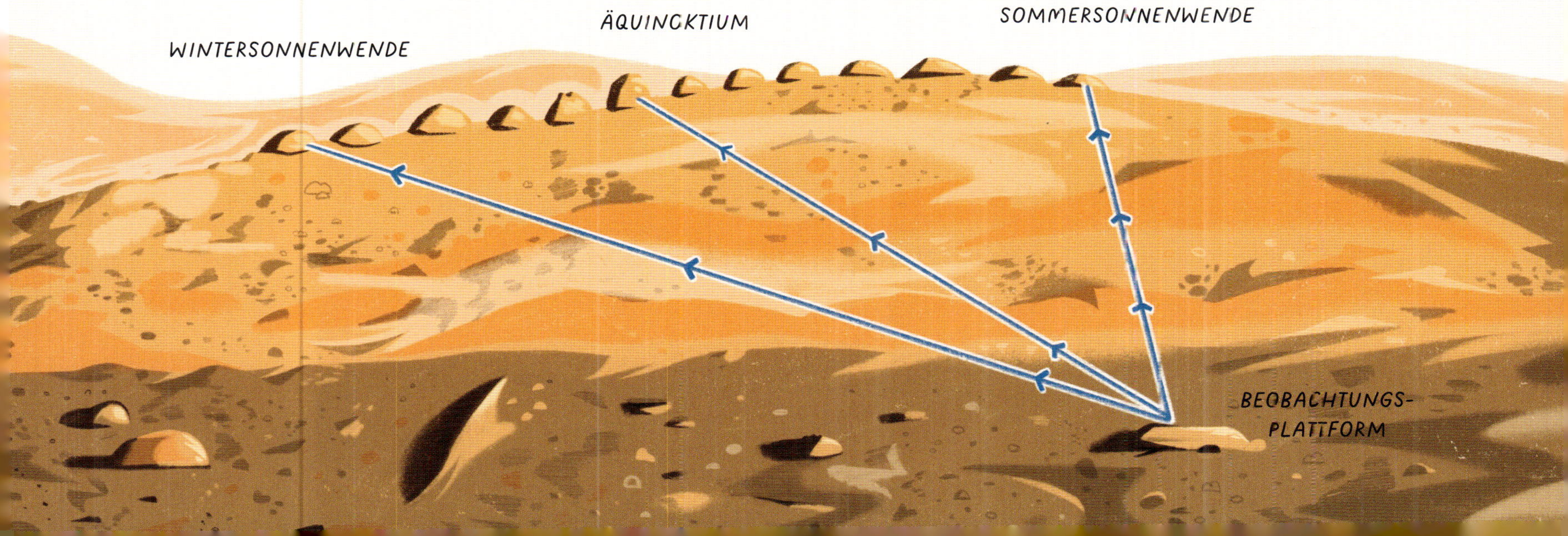

TAGESZEIT

Die Menschen der Vorgeschichte konnten die vergangenen Tage zählen, aber nicht den Ablauf der Zeit während des Tages verfolgen. Mit den ersten Hochkulturen entstanden auch die ersten Zeitmessgeräte.

Der Schatten des Obelisken wandert im Laufe des Tages und beschreibt einen Bogen.

Schattenspiele

Als die Menschen einen geraden Stab, der später Gnomon genannt wurde, senkrecht in den Boden steckten, konnten sie seinen Schatten beobachten, den er in der Sonne warf. Wenn die Sonne morgens aufging, war der Schatten am längsten; bis zum Mittag wurde er immer kürzer und danach wieder länger, bis die Sonne unterging.

Frühe Hochkulturen wie die Sumerer und die Ägypter lebten unter einem meist wolkenlosen Himmel. Sie waren die ersten, die auf diese Weise die Zeit maßen, häufig mithilfe eines Obelisken. Die Ägypter ergänzten später eine Skala auf dem Boden vor dem Steinpfeiler, deren Markierungen den Tag in kürzere Zeiteinheiten unterteilten. Daraus entwickelte sich schließlich die Sonnenuhr, deren Gebrauch sich auf der ganzen Welt verbreitete.

Sand statt Sonne

Sonnenuhren waren eine gute Sache, aber was tun, wenn es bewölkt oder dunkel war? Alternativen mussten her! Sanduhren, die maßen, wie schnell Sand durch eine Verengung zwischen zwei Glaskolben rieselte, waren leicht zu transportieren. Sie konnten mit einer beliebigen Menge Sand befüllt werden, doch die meisten Leute entschieden sich für ein Stundenglas.

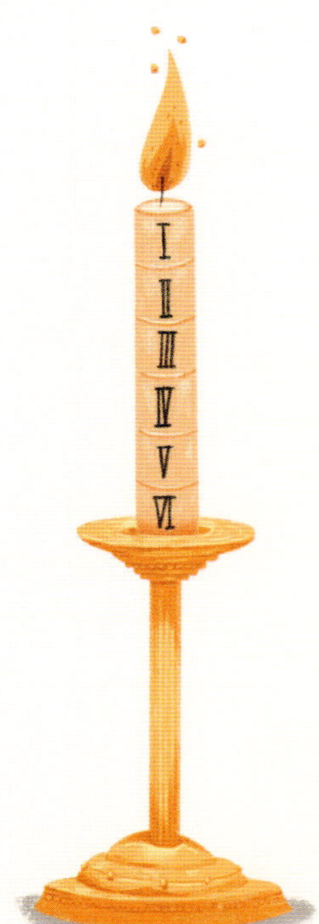

Heiße Sache!

Im alten China erfand man vor fast 2.000 Jahren die Kerzenuhr. An einer Kerze wurden Markierungen angebracht und wenn sie herunterbrannte, konnte man so die Zeit ablesen, die vergangen war. Diese Stundenkerzen brannten meist nur 4–6 Stunden und mussten oft erneuert werden.

Antike Feueruhr

In China, Indien und Japan entwickelten kluge Köpfe Feuer- oder Luntenuhren. Über einer Schale mit brennbarem Material waren Schnüre aufgespannt, an denen Metallkugeln hingen. Hatte das Feuer eine Schnur durchgebrannt, fiel die Kugel klingend herab und markierte damit den Ablauf einer bestimmten Zeitspanne. Bei anderen Modellen wurden Spuren aus pulverförmigem Räucherwerk gelegt, sodass man das Vergehen der Zeit nicht sah oder hörte, sondern am wechselnden Duft erkannte!

Wasser marsch!

Wasseruhren maßen das Vergehen der Zeit mittels des Wasserdurchflusses. Im alten Babylon und antiken Griechenland tauchten diese Klepsydra („Wasserdieb") genannten Uhren zuerst auf. In Indien bohrte man in Kupferschüsseln (Ghatis) ein Loch und stellte sie in ein Becken mit Wasser. Nach rund 24 Minuten (besonders genau waren diese Uhren nicht) war die Schüssel voll. In Indien unterteilte man den Tag nämlich damals in 60 Blöcke von je 24 Minuten.

ELEFANTENUHR DES AL-DSCHAZARI

ALTE BABYLONISCHE WASSERUHR

Es wird komplexer

In China und der islamischen Welt konstruierten schlaue Köpfe raffinierte mechanische Apparate mit Wasserantrieb. Um das Jahr 1200 entwarf der islamische Ingenieur al-Dschazari riesige Wasseruhren in Form von Elefanten und Schlössern, wo das Wasser Seile, Zahnräder und Hebel in Bewegung setzte und damit die beweglichen Teile der Uhr antrieb, wie z. B. Schlangen, die Metallkugeln verschluckten, oder trommelnde Figuren – was für ein Spektakel!

KURIOSE KALENDER

Als die Menschen herausfanden, wie Sonne und Mond über den Himmel ziehen und dass Jahreszeiten regelmäßig wiederkehren, entwickelten sie Kalender, um die Zeit verfolgen zu können. Bald gab es fast so viele Kalender wie Völker!

Während der alte byzantinische Kalender am 1. September der heutigen Zeitrechnung begann, hatte das Volk der Igbo im heutigen Nigeria einen Kalender, in dem das Jahr 91 Wochen zählte, jede Woche aber nur 4 Tage lang war.

BYZANTINISCHE SONNENUHR MIT KALENDERFUNKTION

Ein Kalender aus dem Alten Ägypten basierte auf den Hoch- und Tiefständen des Flusses Nil. In manchen Jahren betrug seine Abweichung allerdings bis zu 80 Tage!

Maya-Monate

Vor mehr als 2.000 Jahren entwickelte das Volk der Maya in Mittelamerika drei verschiedene Kalender. Der kürzeste, **Tzolk'in**, dauerte 260 Tage. Der **Haab**-Kalender begann im Juli und zählte 365 Tage, die in 18 Monate von je 20 Tagen unterteilt waren. Der 19. Monat, *Uayeb*, war kürzer: Er bestand aus 5 „Unglückstagen". Da blieb man am besten zu Hause!

Der dritte Kalender der Maya beschrieb längere Zeiträume und hieß daher **Lange Zählung**. Archäolog*innen vermuten, dass er 2.880.000 Tage dauerte. Die Maya glaubten, dass nach Ablauf der Langen Zählung das Universum zerstört und neu erschaffen werden würde.

UAYEB

ZOTZ – DER 4. MONAT, DARGESTELLT DURCH EINE FLEDERMAUS

XUL – DER 6. MONAT, DARGESTELLT DURCH EINEN HUND

DIESER HAAB-KALENDER ZEIGT DIE 18 REGULÄREN MAYA-MONATE SOWIE DEN „UNGLÜCKSMONAT" UAYEB.

Neujahrsfeuer

Die Azteken verwendeten ähnlich wie die Maya vor ihnen Kalender mit 260 und 365 Tagen. Alle 52 Jahre, wenn beide Kalender übereinstimmten, feierten die Azteken die Jahresverknüpfung mit einer Feuerzeremonie, *Toxhiuhmolpilia*. Dabei wurden die Feuer in allen Haushalten des aztekischen Reiches gelöscht, und es wurde ein Mensch zu Ehren von Xiuhtecuhtli, Gott des Feuers, geopfert. In der Brust des unglückseligen Opfers wurde dann ein Feuer entzündet, von dem aus die Herdfeuer der Menschen wieder neu entfacht werden konnten!

Das längste Jahr

Der römische Kalender begann jedes Jahr im März. Im Jahr 46 v. Chr. stimmten jedoch die Monate nicht mehr mit den Jahreszeiten überein. Julius Caesar befahl daher die Einführung eines neuen, $365\frac{1}{4}$ Tage langen Kalenders, der im Januar begann und alle 4 Jahre ein Schaltjahr beinhaltete (später wurde er ihm zu Ehren „julianischer Kalender" getauft). Genial! Um aber im folgenden Jahr mit dem richtigen Monat starten zu können, musste Caesar das laufende Jahr um drei Monate verlängern, sodass es mit 445 Tagen das längste Jahr der römischen Geschichte wurde! Trotz der Verwirrung, die dies für Landwirtschaft, religiöse Feste, Steuern usw. bedeutete, war der Kalender erfolgreich und in Europa 1.600 Jahre gültig.

Unsere Monatsnamen leiten sich von römischen Göttern, Herrschern oder dem lateinischen Wort für die Position des Monats ab. Der Juli (Julius) wurde nach Caesar benannt.

DER JANUAR IST NACH JANUS BENANNT, DEM RÖMISCHEN GOTT MIT ZWEI GESICHTERN, DIE VORAUS- UND ZURÜCKSCHAUEN.

Die große Reform

Auch Caesars julianischer Kalender war nicht perfekt. 1582 wich er um zehn Tage von den Jahreszeiten ab. Papst Gregor XIII. verordnete die Umstellung auf einen neuen „gregorianischen" Kalender. Die meisten katholischen Länder übernahmen ihn sofort, aber andere ließen sich nicht gleich überzeugen. Großbritannien wechselte erst im Jahr 1752, als die Abweichung zwischen altem und neuem Kalender bereits elf Tage betrug. Um dies zu korrigieren, gingen die Briten am 2. September zu Bett – und wachten am 14. September auf. Viele waren empört und beschwerten sich, ihr Leben sei verkürzt worden!

Selbst im 20. Jahrhundert stifteten Kalender noch Verwirrung. 1908 kam das russische Schießsport-Team 12 Tage zu spät zu den Olympischen Spielen in London, weil sie sich am alten julianischen Kalender orientiert hatten! Russland führte den gregorianischen Kalender erst 1918 ein, China 1912 und Griechenland 1923.

ZEIT & KULTUR

Die Zeit beeinflusst zahlreiche Aspekte der menschlichen Kultur. In vielen Religionen und Glaubensrichtungen gibt es eine oder mehrere Gottheiten, die für Zeitfragen zuständig sind.

Happy Birthday!

Die meisten Menschen feiern den Tag, an dem sie zur Welt kamen, doch das ist nicht überall so! In Vietnam wird der Geburtstag einer einzelnen Person selten gefeiert, denn dort werden mit dem Beginn eines neuen Jahres alle am gleichen Tag ein Jahr älter und zwar am „Fest des Ersten Morgens" – *Tet* auf Vietnamesisch.

Götter der Zeit

Während im Hinduismus Shiva der Schöpfer und Zerstörer der Zeit ist, wird in der balinesischen Mythologie Batara Kala als Gott der Zeit und auch der Zerstörung verehrt. Er ist immer hungrig und versucht, die Sonne, den Mond sowie unglückliche Menschen zu verschlingen. Die Etrusker (im heutigen Italien) huldigten Nortia, ihrer Göttin der Zeit, indem sie jedes Jahr einen langen Nagel in den Tempel schlugen. Mit diesem symbolischen Akt waren die Ereignisse des vergangenen Jahres unwiderruflich Teil der Vergangenheit.

Heikles Datum

In manchen Kulturen gelten bestimmte Daten als Unglückstage, z. B. Freitag, der 13. in Deutschland, den USA und anderswo. Woher dieser Aberglaube kommt, ist nicht sicher. Allerdings wird die Zahl 13 schon lange mit Unglück in Verbindung gebracht: In der nordischen Mythologie ruinierte ein ungeladener Gast namens Loki eine Gedenkfeier. Er stieß als 13. Gott hinzu, daraufhin kam es zu einem Streit, der den Weltuntergang herbeiführte.

8. AUGUST

Bei den Hindus steht die Zahl 8 für Ärger und Trübsal, deshalb sind am 8. Tag des 8. Monats Probleme vorprogrammiert!

FREITAG, DER 17.

In Italien gilt die 17 als Unglückszahl, weil die römische Schreibweise, XVII, ein Anagramm von VIXI ist – lateinisch für „mein Leben ist vorbei".

9. SEPTEMBER

Die Zahl 9 bringt in Japan Pech: Wenn man sie ausspricht, klingt sie wie das japanische Wort für Schmerz!

Antike Astrologie

Die ersten bekannten Astrologen waren die Babylonier vor rund 3.500 Jahren. Sie glaubten, das Schicksal eines Menschen auf der Erde werde vom Zeitpunkt seiner Geburt und den Positionen der Sterne und Planeten beeinflusst.

Im chinesischen Tierkreis, *Sheng Xiao*, bestimmt das Geburtsjahr das Schicksal einer Person. Der Kreis besteht aus zwölfjährigen Zyklen, in denen jedes Jahr von einem Tier mit bestimmten Charakterzügen dargestellt wird. Es heißt, dass die Anordnung der Tiere im Tierkreis die Reihenfolge widerspiegelt, in der sie bei einem Rennen des Jadekaisers (einem Gott der chinesischen Mythologie) im Ziel eintrafen.

HASE
2011
2023
beliebt,
künstlerisch,
liebenswert,
schüchtern
DRACHE
2012
2024
freimütig,
perfektio-
nistisch,
furchtlos,
energisch
SCHLANGE
2013
2025
ruhig, gut im
Lösen von
Problemen,
distanziert,
eifersüchtig
PFERD
2014
2026
selbstsicher,
enthusiastisch,
reiselustig,
gelangweilt von
Routine
SCHAF
(ODER
ZIEGE)
2015
2027
unbekümmert,
fröhlich,
chaotisch
AFFE
2016
2028
witzig,
gesellig,
unberechen-
bar
HAHN
2005
2017
unabhängig,
praktisch,
fleißig,
angeberisch
HUND
2006
2018
geduldig,
treu, ehrlich,
manchmal
besorgt
SCHWEIN
2007
2019
fürsorglich,
tolerant,
ungeduldig,
liebt Luxus
RATTE
2008
2020
schlagfertig,
ehrgeizig,
überzeugend,
kritisch
gegenüber
anderen
BÜFFEL
2009
2021
geduldig,
freundlich,
zuverlässig,
störrisch
TIGER
2010
2022
geborene
Führungs-
person, mutig,
egoistisch

FRAGEN ZUR ZEIT

Die Menschen haben verschiedene Vorstellungen entwickelt, wie Zeit beschaffen sein könnte. Manche stellen sie sich z.B. als kreisförmige Struktur vor, andere als gerade Linie. Wieder andere fragen sich, ob Zeit eine echte Eigenschaft des Universums ist – ähnlich wie Gravitation – oder nur unserer Einbildung entspringt.

Illusion oder Absolutum?

Für den islamischen Philosophen Ibn Sīnā, auch bekannt als Avicenna, war Zeit ein Produkt unserer Erinnerungen und Erwartungen.

IBN SĪNĀ

Auch der römische Bischof Augustinus und der französische Philosoph Henri Bergson hielten Zeit für eine Illusion, ein gedankliches Konstrukt, um Erlebtes einzuordnen – eine Art Mischung aus Tagebuch, Terminplaner und Aktenschrank.

HENRI BERGSON

Linear oder zyklisch?

Schon die alten Griechen vor etwa 2.500 Jahren machten sich Gedanken über die Zeit. Viele verglichen sie mit einem Fluss, der von einer Quelle bis zum Meer fließt. Für sie bewegte sich die Zeit in einer geraden Linie vorwärts: von der Vergangenheit in Richtung Zukunft.

Andere Kulturen, darunter die Diné (Navajo), Hopi, Maya und Inka, stellten sich Zeit als etwas Wiederkehrendes vor, das sich kreisförmig in Zyklen bewegt: Jahreszeiten wiederholten sich, die Sonne ging jeden Morgen auf, die Ernte reifte, und all das geschah – ganz egal, was der Mensch tat.

Im tibetanischen Buddhismus illustriert das „Lebensrad", *Bhāvacakra*, den sich ewig wiederholenden Kreislauf von Leben, Tod und Wiedergeburt.

TEIL DES BUDDHISTISCHEN BHAVACAKRA: DAS LEBEN IST EIN KREISLAUF

Vor oder zurück?

Viele stellen sich Zeit als etwas vor, das sich von der Vergangenheit Richtung Gegenwart entwickelt. Das spiegelt sich auch in Ausdrücken wie „nach vorne schauen“ und „zurückblicken“ wider. Das Volk der Aymara in den Anden Südamerikas sieht das anders. Sie empfinden die unbekannte Zukunft als etwas, das sich hinter ihnen versteckt. Es lohnt sich nicht, darüber zu sprechen, genauso wenig wie über die Vergangenheit, die ja bekannt ist. Da sie sich an Vergangenes erinnern können, sehen sie es deutlich *vor* sich.

In der Sprache der Aymara, die von über 2 Millionen Menschen gesprochen wird, bedeutet *qhipa* „zurück“ oder „hinter“, und *qhipa mara* bedeutet „nächstes Jahr“.

Der berühmte englische Physiker Sir Isaac Newton war anderer Meinung. Er war überzeugt davon, dass Zeit sogar in einem leeren Universum überall auf die gleiche Weise existieren würde – unabhängig vom Vorhandensein anderer Dinge.

RENÉ DESCARTES

Was ist „jetzt“?

Wenn wir „jetzt“ sagen, meinen wir diesen Moment in der Gegenwart – aber was bedeutet das?

Der französische Philosoph René Descartes glaubte, es gebe nur das Jetzt. Daher war Zeit für ihn eine Aneinanderreihung von „Jetzt“-Momenten.

WILLIAM JAMES

Für Isaac Newton hingegen war das Jetzt (die Gegenwart) überhaupt kein Zeitraum, sondern lediglich die Grenze zwischen dem, was geschah (Vergangenheit) und dem, was geschehen wird (Zukunft).

Der amerikanische Philosoph William James wiederum definierte das Jetzt als kurze Zeitspanne – er schätzte sie auf 12 Sekunden –, in der Dinge in der Gegenwart geschehen.

RUND UM DIE UHR

Vor 800 Jahren spielte Zeitmessung für die meisten Leute keine Rolle: Sie standen im Morgengrauen auf, verbrachten den Tag auf den Feldern und gingen zu Bett, wenn es dunkel wurde. 500 Jahre später sind Uhren in Europa allgegenwärtig! Wie kam es dazu?

DIE PRAGER RATHAUSUHR AUS DEM JAHR 1410 ZEIGT AUCH DIE POSITIONEN VON SONNE UND MOND.

Wem die Stunde schlägt

Das Wort „Uhr" geht auf das lateinische *hora* zurück, was „Stunde" oder „Zeit" bedeutet. Die ersten mechanischen Uhren wurden vor über 700 Jahren in Europa erfunden und hatten weder Zifferblatt noch Zeiger. Sie läuteten die Glocken im Kirchturm als Ruf zum Gebet. Diese frühen Uhren wurden von einem schweren Gewicht angetrieben, das an einem langen Strang über eine Winde mit der Hand nach oben gezogen wurde. Indem die Schwerkraft das Gewicht langsam wieder nach unten zog, setzten sich die mechanischen Teile der Uhr in Bewegung. Zu bestimmten Zeiten schlugen metallene Klöppel an Glocken – daher der Ausdruck „Uhrschlag".

Ziffern und Zeiger

Im 15. Jahrhundert wurden Uhren mit Zifferblatt und Stundenzeiger versehen. Einige hatten sogar Minutenzeiger, aber diese nutzten meist nicht viel, da die Uhren damals regelmäßig eine Stunde vor- oder nachgingen. In jener Zeit wurden Rathäuser und Kirchtürme mit einer Uhr ausgestattet. Manche Modelle waren echte Schönheiten und erfreuten das Volk mit raffinierten mechanischen Figuren, die zu bestimmten Zeiten ein kleines Schauspiel boten, etwa in Gestalt von kämpfenden Rittern, neckischen Narren oder kreisenden Sternen und Planeten.

Federkraft

Eine Alternative zum Gewichtsantrieb bot im 15. Jahrhundert die Erfindung der Uhr mit Federantrieb. Ein flacher, harter Metallstreifen wurde mithilfe eines Schlüssels zu einer engen Spirale aufgezogen. Das langsame Lösen dieser Spannung hielt das Räderwerk der Uhr in Gang. Dank der Spiralfeder konnte man viel kleinere Uhren bauen, die man zu Hause aufstellen oder sogar bei sich tragen konnte!

Die ersten Taschenuhren tauchten vor etwa 500 Jahren auf. Man trug sie an einer Kette um den Hals oder in der Westentasche. Unsere auch heutzutage noch beliebten Armbanduhren kamen nach dem 1. Weltkrieg so richtig in Mode.

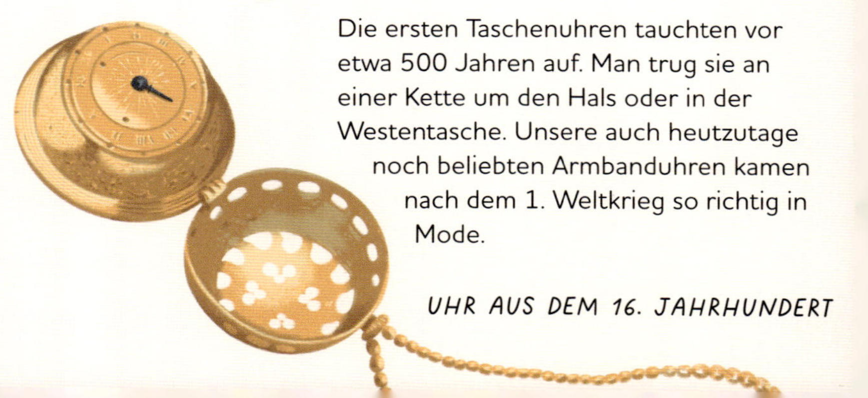

UHR AUS DEM 16. JAHRHUNDERT

Neue Sitten

Uhren veränderten das Leben der Menschen, denn davor gab es kein „viertel vor zehn“ oder „halb drei“. Mit Uhren konnte man Zeit genau und zuverlässig messen und auch gemeinsame Unternehmungen mit mehreren Leuten präzise planen.

Als kleinere Uhren erschwinglich wurden und in das Privat- und Geschäftsleben Einzug hielten, waren die Menschen auf einmal stark von der Zeit beeinflusst – die ganze Zeit! Läden, Märkte, Banken und andere Orte öffneten und schlossen zu bestimmten Uhrzeiten, nicht bei Sonnenauf- oder -untergang. Die Menschen entwickelten ein neues Verhältnis zur Zeit: So wurde Pünktlichkeit zu einer Tugend.

Statt sich auf die innere Uhr (siehe S. 60) zu verlassen, aßen und schliefen die Leute zu bestimmten Uhrzeiten und nicht mehr, wenn sie hungrig bzw. müde waren.

Als im 18. und 19. Jahrhundert überall Fabriken entstanden, waren Uhren unentbehrlich, um die Arbeit zu organisieren. Lohn wurde nach Arbeitszeit bemessen, und wer zu spät kam, wurde bestraft. Manche skrupellose Firmenchefs manipulierten die Uhren auf dem Werksgelände, sodass sie langsamer gingen und die Angestellten länger arbeiteten – für das gleiche Gehalt.

ALLES HAT SEINE ZEIT

Als sich das Leben der Menschen immer stärker nach der Zeit ausrichtete, wurde die Ungenauigkeit der Uhren zum Problem. Doch zum Glück schufen neue Erfindungen Abhilfe.

Der richtige Schwung

Um das Jahr 1602 fand der italienische Universalgelehrte Galileo Galilei heraus, dass Pendel für jede ihrer Schwingbewegungen exakt die gleiche Zeit benötigen. Diese Erkenntnis nutzte der niederländische Wissenschaftler Christiaan Huygens, als er 1656 eine Uhr mit Pendel entwarf. Am Ende eines Tages betrug die Abweichung einer solchen Pendeluhr etwa 15 Sekunden – ein riesiger Fortschritt im Vergleich zu den Uhren davor!

Pendeluhren

So funktioniert eine gewichtsgetriebene Pendeluhr:

1. Das Gewicht zieht nach unten und dreht das Hauptrad.

2. Das Hauptrad dreht die Stunden-, Minuten- und Sekundenzeiger mithilfe weiterer Zahnräder unterschiedlich schnell.

3. Das Pendel steuert die Geschwindigkeit des Gewichtsantriebs und damit die Genauigkeit der Uhr. Wenn das Pendel schwingt, bewegt sich der Anker hin und her: Er löst sich kurz, sodass das Ankerrad sich ein Stück drehen kann und rastet dann wieder ein. So kommt das Ticktack-Geräusch der Uhr zustande.

4. Beim Aufziehen der Uhr (alle 1–2 Tage) wird das Hauptrad gegen den Uhrzeigersinn gedreht, und das Gewicht wird wieder hochgezogen.

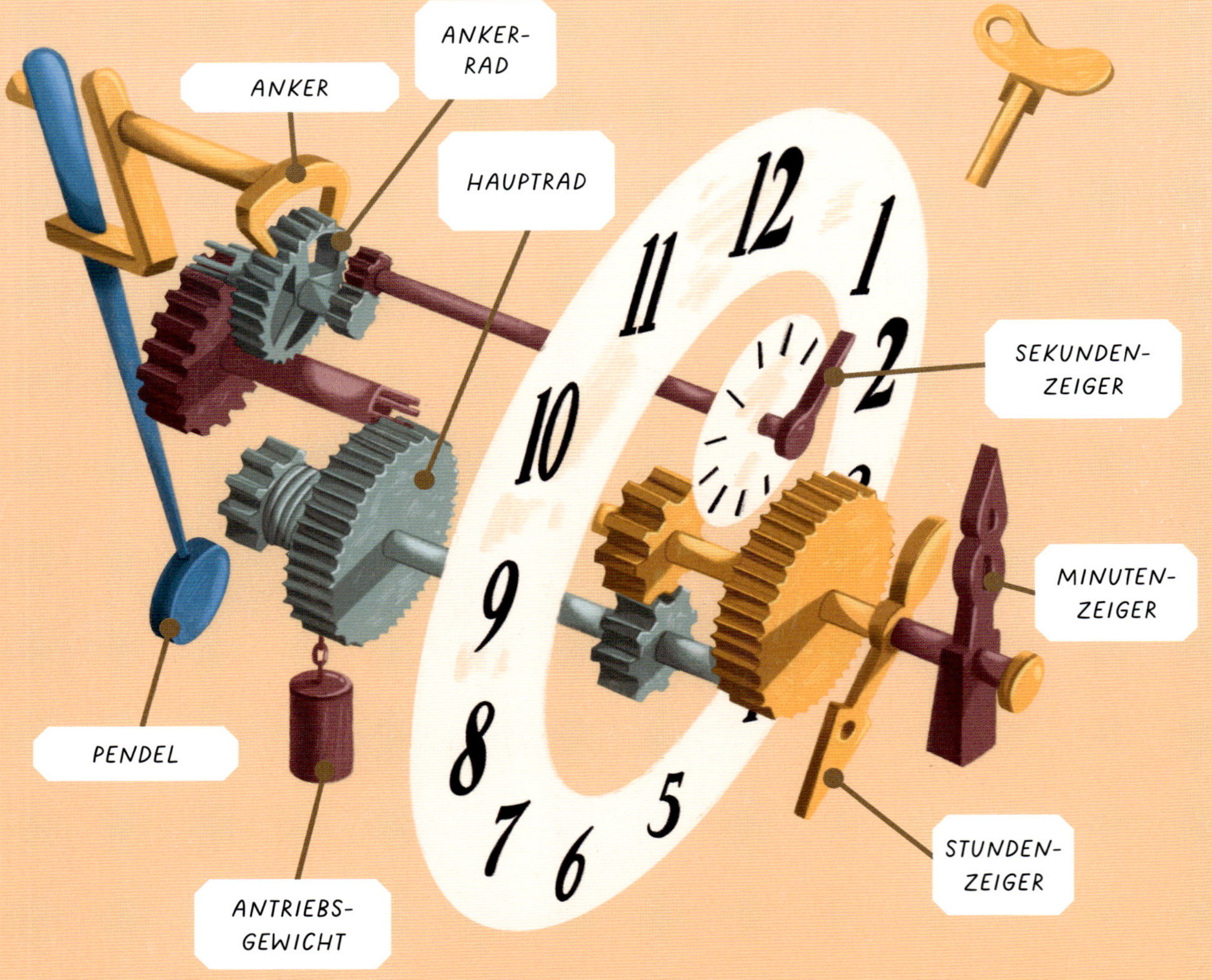

Quarzuhr

Die Pendeluhr war allgegenwärtig, bis im 20. Jahrhundert ein neuer Uhrentyp erfunden wurde: die Quarzuhr. Die Forschung ergab, dass ein Quarzkristall durch das Anlegen von elektrischer Spannung in Schwingung versetzt wird: Er schwingt genau 32.768 Mal in der Sekunde. Als man den Kristall in eine elektronische Schaltung integrierte, die diese Schwingungen zählte, hatte man einen sehr präzisen Taktgeber für eine Uhr. Diese Quarzuhren gingen pro Tag lediglich eine halbe Sekunde vor oder nach!

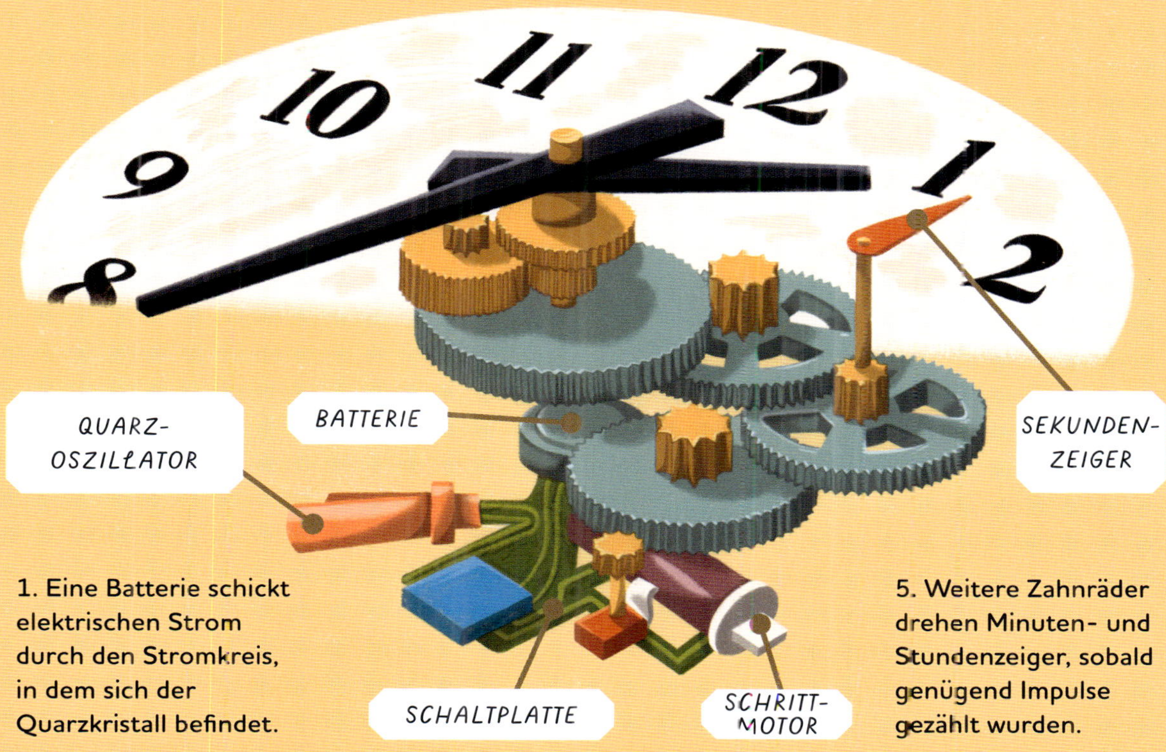

1. Eine Batterie schickt elektrischen Strom durch den Stromkreis, in dem sich der Quarzkristall befindet.

2. Der Kristall schwingt 32.768 Mal pro Sekunde.

3. Die Schaltung zählt die Schwingungen und gibt nach jeder Sekunde einen elektrischen Impuls ab.

4. Der Impuls treibt einen winzigen Elektromotor an, der Räderwerk samt Sekundenzeiger bewegt.

5. Weitere Zahnräder drehen Minuten- und Stundenzeiger, sobald genügend Impulse gezählt wurden.

Atomuhr

Quarzuhren waren nur 25 Jahre lang das Optimum in Sachen Präzision – dann wurde die ultimative Uhr erfunden. Atomuhren zählen die Schwingungen von Atomen wie Cäsium-133, das sich pro Sekunde 9.192.631.770 Mal hin- und herbewegt. Nach jahrelanger Forschung und vielen Verbesserungen gehen Atomuhren mittlerweile unglaublich genau und sind extrem zuverlässig.

Ob Zeitzonen oder GPS – alles basiert heute auf der Atomzeit. Ein weltweites Netzwerk aus über 260 Atomuhren versorgt uns mit der allergenauesten Uhrzeit. Manche Uhren empfangen ihre Zeit per Funksignal direkt von der Atomuhr.

In Deutschland betreibt die Physikalisch-Technische Bundesanstalt (PTB) mehrere Atomuhren und ist für die Verbreitung der „amtlichen Zeit“ zuständig.

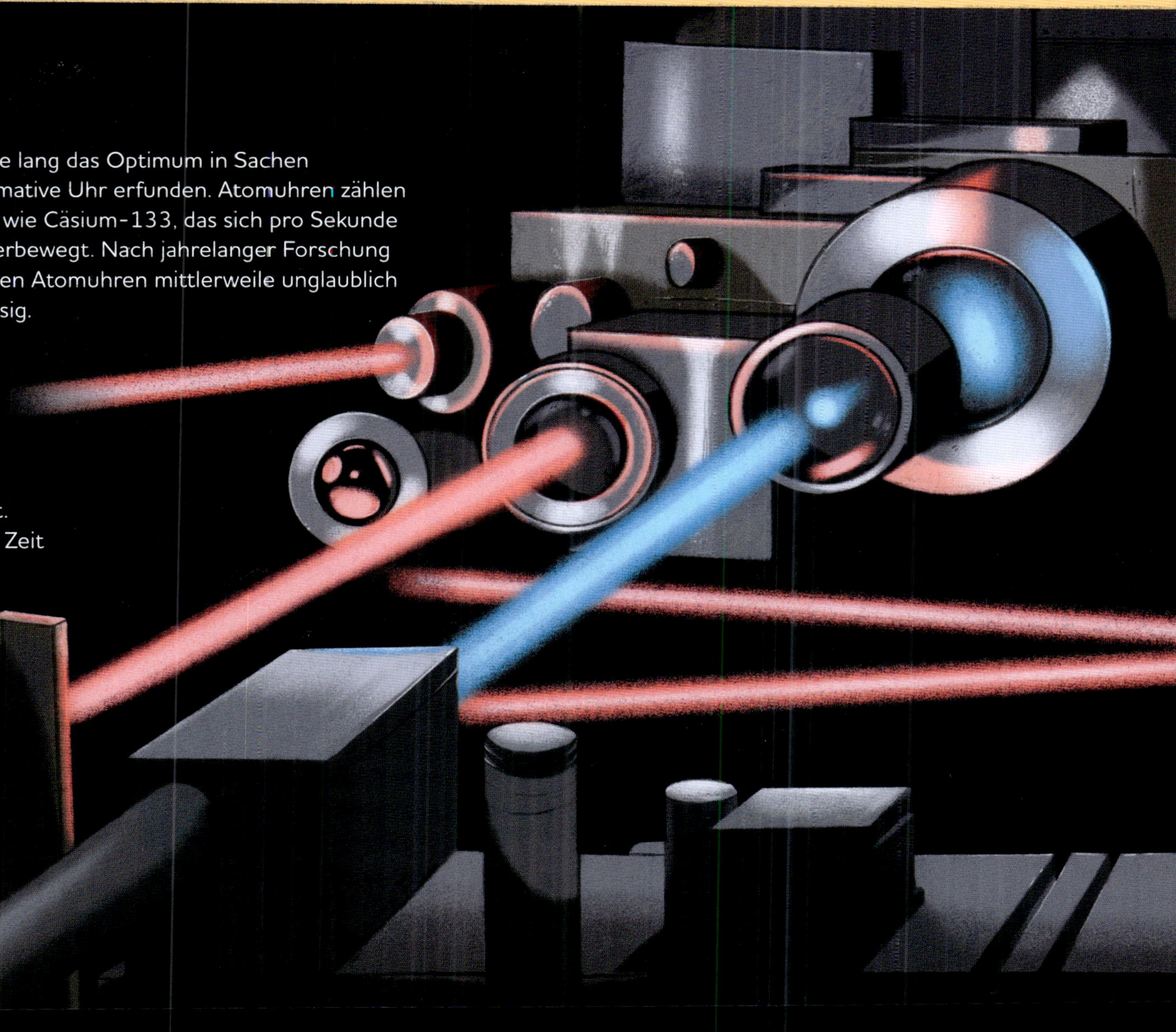

BERÜHMTE UHREN

Es gibt Uhren, die sind mehr als einfach nur Zeitanzeiger: Sie sind zu Wahrzeichen geworden, die Touristen anlocken und von Menschen bestaunt werden. So manche Uhr hat sich zu einer richtigen Berühmtheit entwickelt!

Big Ben

Die große Uhr mit den vier Zifferblättern im Elizabeth Tower, der zum Londoner Westminsterpalast gehört, ist weltberühmt. Alle nennen sie Big Ben, aber eigentlich ist das der Name der riesigen, 13,7 t schweren Glocke der Turmuhr. Es dauert eine Stunde, um die Uhr aufzuziehen, und ihr 4,40 m langes Pendel wiegt 310 kg – so viel wie fünf Personen! Um die Schwingdauer des Pendels einzustellen, werden alte Penny-Münzen auf das Pendel gelegt bzw. entfernt. Das Gewicht einer Münze verändert die Geschwindigkeit der Uhr um 0,4 Sekunden am Tag.

Strick-tack

Die norwegische Künstlerin Siren Elise Wilhelmsen entwarf eine Uhr, die die Zeit in Form von gestrickten Maschen misst! Innerhalb von 365 Tagen produziert die Uhr einen exakt 2 m langen Schal. Die strickende Uhr wurde in Museen weltweit ausgestellt.

Der Augenroller

Das Alte Kaufhaus in der Koblenzer Altstadt hat eine besondere Attraktion: Unterhalb des Zifferblatts der Turmuhr ist ein aus Metall gefertigter Kopf zu sehen, der im Takt des Uhrpendels mit den Augen rollt und alle halbe Stunde die Zunge herausstreckt. Er soll an eine aufmüpfigen Raubritter erinnern, der im 16. Jahrhundert in Koblenz hingerichte wurde.

Kuckucksuhr

Die größte Kuckucksuhr der Welt befindet sich in Schonach im Schwarzwald und sieht aus wie ein kleines Haus. Sie ist 60 Mal größer als eine gewöhnliche Kuckucksuhr. Der hölzerne Vogel, der alle halbe Stunde aus einer Klappe herausschaut und „Kuckuck" ruft, ist 4,50 m lang und wiegt 150 kg.

Glockenspiel im Rathausturm

Täglich um 11 und 12 Uhr ertönt am Münchner Marienplatz 12–15 Minuten lang das Glockenspiel, und währenddessen stellen 32 bunte mechanische Figuren Ereignisse aus der Stadtgeschichte dar.

31 Zeiger

Die Reference 57260 von der Schweizer Firma Vacheron Constantin ist die komplizierteste Uhr der Welt. Sie besteht aus 2.826 Teilen, hat 31 Zeiger und bietet 57 Funktionen, darunter eine personalisierte Himmelskarte. Die Konstruktion dauerte 8 Jahre und wurde für etwa 10 Millionen US-Dollar verkauft.

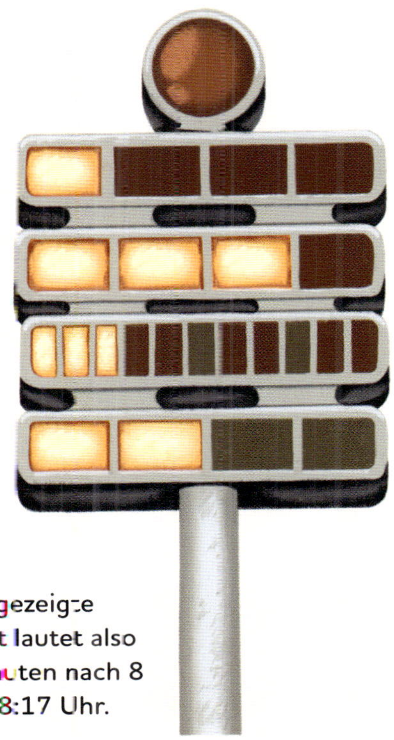

Die angezeigte Uhrzeit lautet also 17 Minuten nach 8 oder 08:17 Uhr.

Turmuhr zu Mekka

In Mekka in Saudi-Arabien steht die höchste und größte Uhr der Welt. Die vier Zifferblätter sind mit einem Durchmesser von je 43 m sechsmal so groß wie die des Big Ben und befinden sich in ca. 430 m Höhe. Der Minutenzeiger ist unglaubliche 24 m lang, und mehr als 2.000.000 LED-Lichter sorgen dafür, dass die Uhrzeit auch bei Nacht abgelesen werden kann.

Wasseruhr

Am Bahnhof Osaka in Japan gibt es eine sehr ungewöhnliche Uhr: Sie besteht aus einem Computer der Düsen steuert, aus denen Wasser austritt. Wenn die Wassertropfen auf ein 6,50 m breites Display fallen, bilden sich Muster, die die (digitale) Uhrzeit anzeigen.

Berlin-Uhr

Die sogenannte „Mengenlehre-Uhr“ zeigt die Zeit anhand von leuchtenden farbigen Feldern. Jedes Segment steht für eine bestimmte Anzahl von Stunden bzw. Minuten.

DER FRÜHE VOGEL …

Wenn du heute zu einer bestimmten Uhrzeit aufwachen möchtest (oder musst), stellst du dir einen Wecker. Aber wie wurden die Menschen früher rechtzeitig wach?

Aus den Federn!

Viele Menschen nutzten natürliche Reize wie Vogelgezwitscher oder Sonnenlicht, um morgens aufzuwachen. Andere wurden vom Läuten der Kirchenglocken oder dem Krähen eines Hahns geweckt.

Im 19. Jahrhundert wohnten viele Arbeiter*innen in unmittelbarer Nähe der Fabrik, in der sie arbeiteten. Die Fabrikbesitzer installierten laute Pfeifen, die den Bediensteten den Schichtbeginn am frühen Morgen ankündigten.

Aufwecken als Beruf

Wer früher in Großbritannien sicher gehen wollte, pünktlich zur Arbeit zu erscheinen, bezahlte einen Aufwecker. Diese Leute gingen von Haus zu Haus und klopften mit einem Stab an die Tür oder an das Schlafzimmerfenster der Person, die geweckt werden wollte. Diese Dienstleistung wurde in englischen Industriestädten, wo ein Arbeitstag häufig schon um 4 Uhr morgens begann, bis in die 1950er Jahre hinein angeboten.

Statt mit einem langen Stab zu hantieren, schoss eine einfallsreiche Londoner Aufweckerin namens Mary Smith mit einem Blasrohr getrocknete Erbsen gegen die Fenster.

Alarmglocken

Ein junger amerikanischer Uhrenmacher namens Levi Hutchins baute 1787 einen der ersten tragbaren Wecker für zu Hause. Der Alarm dieses Weckers (das Läuten eines Glöckchens) ertönte allerdings nur zu einer einzigen Uhrzeit – um 4 Uhr morgens. Hutchins war offensichtlich ein begeisterter Frühaufsteher! Erst 70 Jahre später gab es Wecker, bei denen man die Weckzeit flexibel einstellen konnte. Besonders erfolgreich war das Mod „Babywecker“ mit einer sichtbaren Glocke gegen die ein kleiner Metallhammer schlug und einen Höllenlärm verursachte.

1891 entwarf ein findiger Brite den ersten Vorläufer einer automatischen Teemaschine, die er „Des Frühaufstehers Freund“ nannte.

Merkwürdige Wecker

Im Laufe der Jahre haben sich Designer*innen alles Mögliche einfallen lassen, um Menschen aus dem Schlaf zu reißen – und sie davon abzuhalten wieder einzuschlummern!

1867 wurde in Paris ein Spezialbett verkauft. Der integrierte Wecker setzte eine Mechanik in Gang, die das Bett kippte und den oder die Schlafende aus dem Bett warf. Der britische Schriftsteller William Strachey kaufte das Bett und installierte es so, dass er vom Bett direkt ins Bad plumpste.

Um nicht der Versuchung der Schlummertaste zu erliegen, sind manche Wecker so konzipiert, dass man sofort aufstehen muss: Sie können auf Rädern durchs Zimmer flitzen oder sogar fliegen und müssen eingefangen werden, um den Alarm ausschalten zu können!

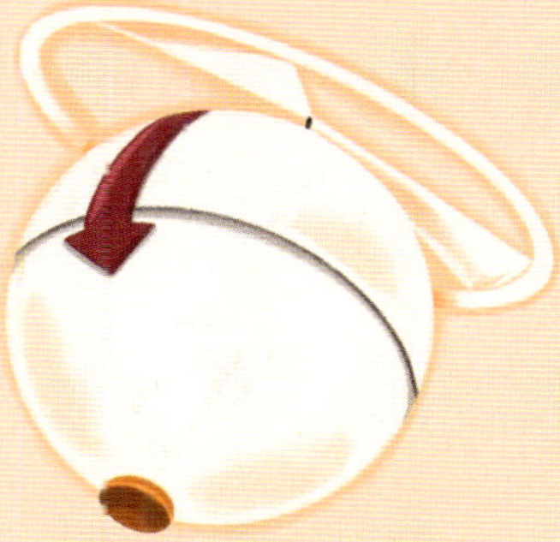

Natürlich gibt es auch sanftere Weckmethoden, wie etwa Musik oder angenehme Düfte. Tageslichtwecker simulieren mithilfe von speziellen Lampen die Lichtverhältnisse des natürlichen Sonnenaufgangs – so können wir aufwachen wie unsere Vorfahren!

Die Schlummertaste für elektrische Wecker wurde 1956 erfunden. Sie verschafft einem zusätzliche 5–10 kostbare Minuten im Bett.

LANGZEITFORSCHUNG

Im 16. und 17. Jahrhundert gingen europäische Entdecker auf große Fahrt. Auf prächtigen Segelschiffen reisten sie über unbekannte Meere und waren sehr gespannt, was sie erwarten würde. Es gab allerdings ein großes Problem: Woher wussten die Seefahrer mitten auf dem Ozean, wo sie sich befanden?

Koppelnavigation

Die ersten Seefahrer blieben nah genug an der Küste, um sich an Landmarken zu orientieren. Wenn sie durch unbekannte Gewässer segelten, nutzten sie die Koppelnavigation: Sie bestimmten die vergangene Zeit (per Sanduhr), die Richtung (per Kompass) und die Geschwindigkeit des Schiffes. Mithilfe dieser Daten konnten sie die zurückgelegte Strecke berechnen.

1707 kamen vier Schiffe der britischen Royal Navy vom Kurs ab und sanken vor der felsigen Küste der Scilly Islands. Mehr als 1.400 Menschen ertranken.

Das Längenproblem

Bei der Koppelnavigation können allerdings kleinste Messfehler zu großen Abweichungen führen – vor allem in unbekannten Meeren ohne besondere Merkmale. Um ihre Position genau bestimmen zu können, mussten Seefahrer den Längen- und Breitengrad (siehe gegenüberliegende Seite) des Schiffes kennen.

Den ungefähren Breitengrad erhält man über den Höhenwinkel der Sonne über dem Horizont. Jeden Tag zur Mittagszeit bestimmten die Seefahrer diesen Winkel mit einem Astrolabium und lasen den Breitengrad aus einer Tabelle ab.

Der Längengrad war schwieriger zu berechnen. Dafür brauchte man eine wirklich präzise Uhr, aber damals gab es nichts Genaueres als Pendeluhren, und die funktionierten auf See schlecht, da das Schaukeln des Schiffes natürlich das Schwingen des Pendels durcheinander brachte. So ergab sich jeden Tag mehr als eine Stunde Abweichung von der tatsächlichen Zeit. Den Seefahrern blieb daher nichts anderes übrig, als den Längengrad grob zu schätzen – was häufig in einem Schiffbruch endete.

Was sind Breiten- und Längengrade?

Breiten- und Längengrade sind gedachte Linien rund um die Erde.

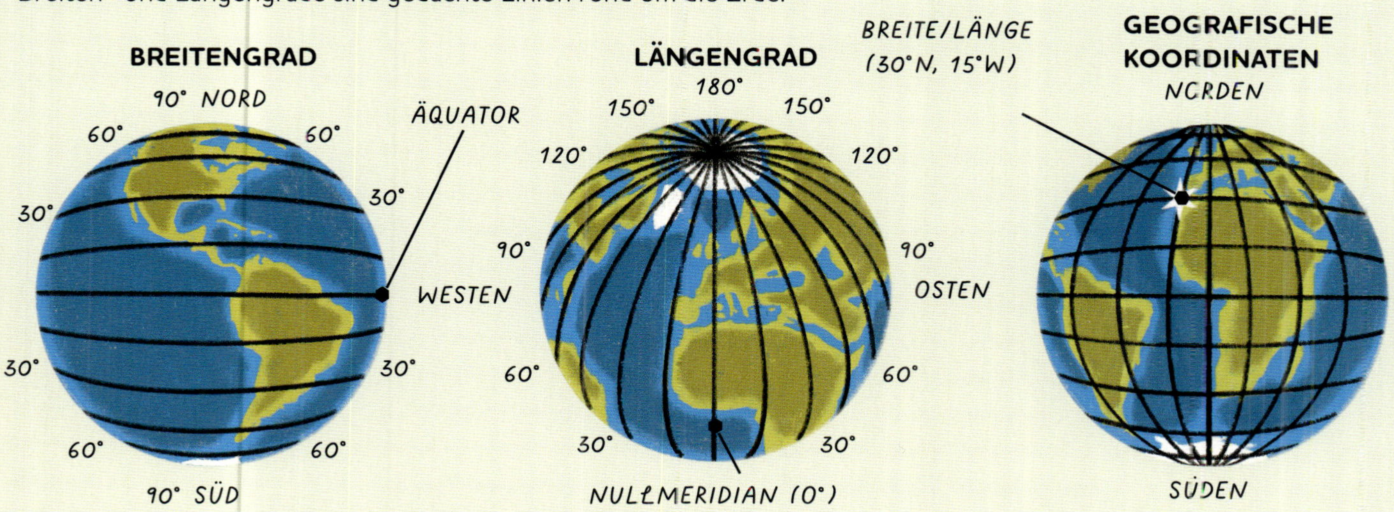

BREITENGRADE geben Auskunft darüber, wie weit nördlich oder südlich des Äquators man sich befindet. Die 0°-Linie ist der Äquator, 90° N (d. h. 90 Grad nördliche Breite) ist der Nordpol und 90° S (90 Grad südlicher Breite) der Südpol.

LÄNGENGRADE verlaufen vom Nord- zum Südpol. Sie teilen die Erde in Abschnitte, von 180° O (180 Grad östliche Länge) bis zu 180° W. Der Längengrad gibt den Winkel (östlich oder westlich) zum durch London verlaufenden Nullmeridian (0°) an.

Wenn du deinen Längen- und deinen Breitengrad kennst, kannst du diese geografischen Koordinaten auf die Karte übertragen und deine Position genau bestimmen.

Die Lösung des Längenproblems

Ab dem 16. Jahrhundert boten Seefahrernationen wie Spanien, Portugal und Großbritannien ansehnliche Belohnungen für eine zuverlässige Methode zur Bestimmung des Längengrades Renommierte Wissenschaftler wie Christiaan Huygens und Isaac Newton nahmen sich des Problems an, jedoch ohne Erfolg.

1714 bot die britische Regierung ein Preisgeld in Höhe von 20.000 Pfund (das wären heute viele Millionen Euro) für die Lösung des Längenproblems. Der englische Tischler und Uhrmacher John Harrison (1693–1776) widmete dieser Aufgabe den Großteil seines Lebens und erhielt schließlich mit fast 80 Jahren den wohlverdienten Preis. Er baute eine Reihe von sehr präzisen mechanischen Uhren. Anstelle von Pendeln enthielten seine komplizierten Chronometer eine sogenannte Grashüpferhemmung. Das machte sie unempfindlicher gegenüber Feuchtigkeit, Temperaturschwankungen und den Schiffsbewegungen auf See.

Harrisons Modell H4 war sein Meisterwerk. Nach dem Modell einer Taschenuhr gefertigt und mit 13 cm Durchmesser, erwies es sich auf zwei Atlantik-Testfahrten als extrem genau: Es kam nur zu einer Fünftelsekunde Abweichung am Tag.

HÖCHSTE ZEIT

Im Weltraumzeitalter angekommen hat Zeit nun eine erstauliche Fähigkeit: Dank der Satelliten, die hoch über uns kreisen, kann sie uns sagen, wo auf unserem Planeten wir uns befinden. Es gibt zahlreiche Satellitennavigationssysteme, etwa das russische GLONASS, das von der EU betriebene Galileo oder das chinesische BeiDou. Am bekanntesten ist aber das von den USA entwickelte Global Positioning System – kurz GPS!

Wie funktioniert's?

Derzeit besteht das GPS aus über 30 NAVSTAR-Satelliten, die in 20.200 km Höhe um die Erde kreisen. 24 sind nonstop im Einsatz: In Vierergruppen arrangiert kreisen sie auf derselben Umlaufbahn. Diese Satelliten umrunden den Planeten zweimal am Tag und zu jedem beliebigen Zeitpunkt sind mindestens vier dieser Satelliten von fast jedem Punkt der Erde aus erreichbar.

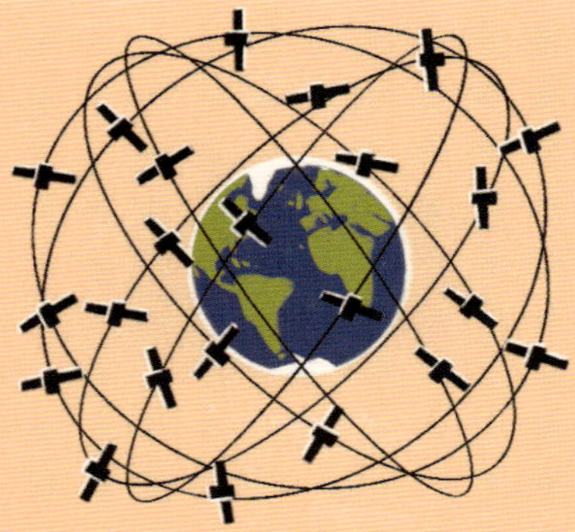

1. Jeder Satellit ist mit ultrapräzisen, sehr teuren Atomuhren (siehe S. 33) ausgerüstet. Diese gehen auf 3 milliardstel Sekunden genau.

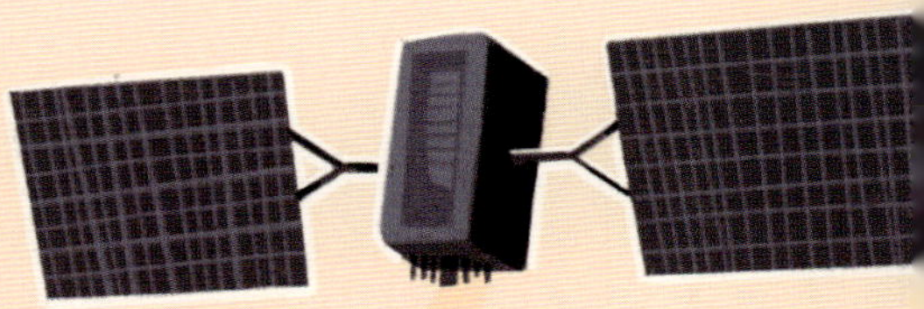

2. Mehrmals pro Sekunde werden Uhrzeit und genaue Position des Satelliten als Signal zurück zur Erde gefunkt.

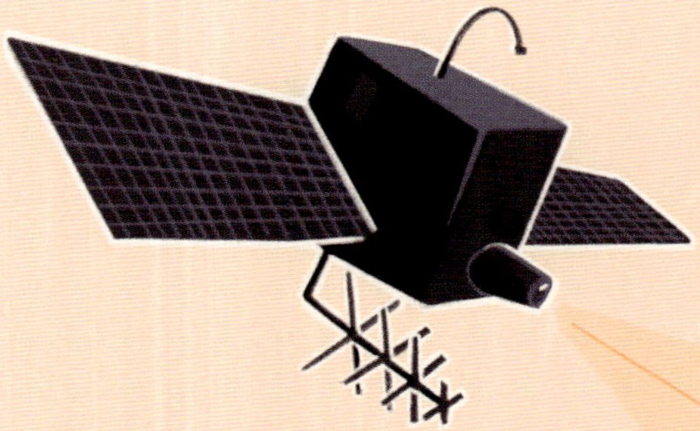

3. Ein GPS-Empfangsgerät auf der Erde erhält Signale von vier Satelliten. Es misst die Signallaufzeiten (vom Satelliten zur Empfangsantenne) und berechnet die Entfernung von jedem der Satelliten. Daraus wird dann, auf wenige Meter genau, die Position auf der Erde bestimmt.

Jeder Sekunden-Bruchteil zählt!

GPS-Signale reisen mit Lichtgeschwindigkeit, d. h. sie legen in jeder milliardstel Sekunde etwa 30 cm zurück. Weichen die Uhrzeiten auf den GPS-Satelliten voneinander ab, kann das System keine genaue Navigation mehr gewährleisten.

Ein funktionierendes GPS kann deine Position auf 3–6 m genau bestimmen.

Eine Abweichung von nur einer millionstel Sekunde kann zu einer Ungenauigkeit von 300 m oder mehr führen.

Bei einer Abweichung von einer Tausendstelsekunde ist das GPS nur noch auf 300 km genau – das System weiß nicht, ob du in Berlin oder in Hamburg bist!

Fantastische Möglichkeiten

Ursprünglich nur im militärischen Bereich eingesetzt, kann GPS heute von allen genutzt werden. Auto-Navigationssysteme greifen darauf zu und auch Läufer*innen, Wanderer und Fahrradfahrende erhalten Informationen über Zeit, Geschwindigkeit und zurückgelegte Kilometer. Und es gibt erstaunlich viele andere Möglichkeiten, GPS zu nutzen!

Bedrohte Tiere werden mit GPS-Sendern ausgestattet, sodass sie geortet und besser vor Wilderern geschützt werden können.

Schmale GPS-Tracker werden an Kunstwerken befestigt, um sie im Falle eines Diebstahls aufspüren zu können.

Während per GPS gesteuerte fahrerlose Traktoren das Feld pflügen, haben die Landwirte Zeit, sich um andere Dinge zu kümmern.

GPS-Empfänger auf schwimmenden Bojen im Meer helfen, Größe und Ausdehnung von Ölteppichen und anderen ausgetretenen Chemikalien zu erfassen.

Hubschrauber nutzen GPS, um die Ausbreitung von Waldbränden zu erfassen und Einsatzkräfte vor Ort zu informieren.

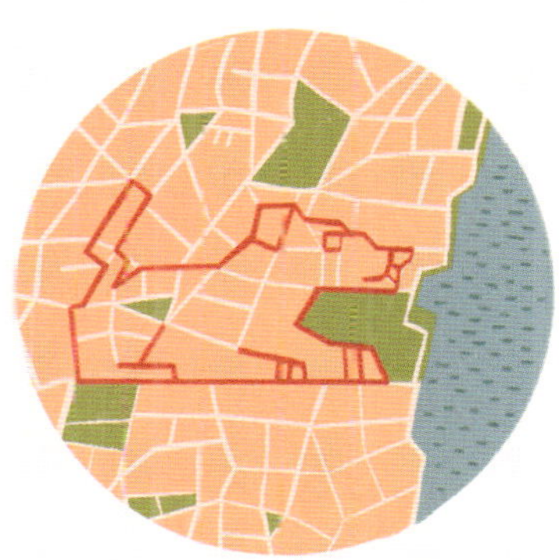

Künstler*innen rüsten ihre Fahrräder mit GPS-Trackern aus und verwandeln so die Darstellung ihrer Fahrradrouten in Kunst.

ZEITZONEN

Wer eine weite Reise nach Osten oder Westen unternimmt, muss auf seiner Uhr die Zeit umstellen, weil das Reiseziel in einer anderen Zeitzone liegt als das Zuhause. Aber warum gibt es überhaupt solche „Zonenzeiten"?

Zugchaos

Durch die Erdrotation liegen Teile der Erde im Dunkeln, während es in anderen Teilen hell ist. Früher legten die Leute ihre eigene Zeit fest, basierend auf dem örtlichen Sonnenauf- und -untergang. Doch mit der Ausweitung des Schienennetzes führte das zu Problemen. Wie kann ein Zug sich an den Fahrplan halten, wenn jede Stadt, durch die er fährt, ihre eigene Zeit hat? Eisenbahngesellschaften begannen für ihr Gebiet eine „Standardzeit" einzuführen, die jedoch mit den Ortszeiten und Fahrplänen anderer Eisenbahnlinien kollidierte, sodass sich Unfälle und verpasste Anschlüsse häuften. Manche Uhren hatten sogar zwei Minutenzeiger: einen für die Ortszeit und einen für die Eisenbahnzeit!

1878 hatte der schottisch-kanadische Ingenieur Sandford Fleming die rettende Idee: Er schlug vor, die Welt in 24 Zonen aufzuteilen, die sich um jeweils eine Stunde unterscheiden. 1884 wurde beschlossen, die *Greenwich Mean Time* (GMT, „mittlere Greenwich-Zeit") zum Ausgangspunkt zu nehmen, die mittlere Sonnenzeit am Nullmeridian (siehe S. 39) in Greenwich. Heute wird statt GMT eher der Begriff „Koordinierte Weltzeit" (UTC) verwendet.

Zonen verstehen

Die Welt ist in 24 Zeitzonen unterteilt. Die Grenzen bilden sogenannte Meridiane, die vom Nord- zum Südpol verlaufen. Auf jede Zone entfallen 15° der insgesamt 360° der Erde. Die Zeitzonen östlich des durch Greenwich verlaufenden Nullmeridians liegen vor der Koordinierten Weltzeit (UTC), die Zeitzonen westlich davon liegen dahinter.

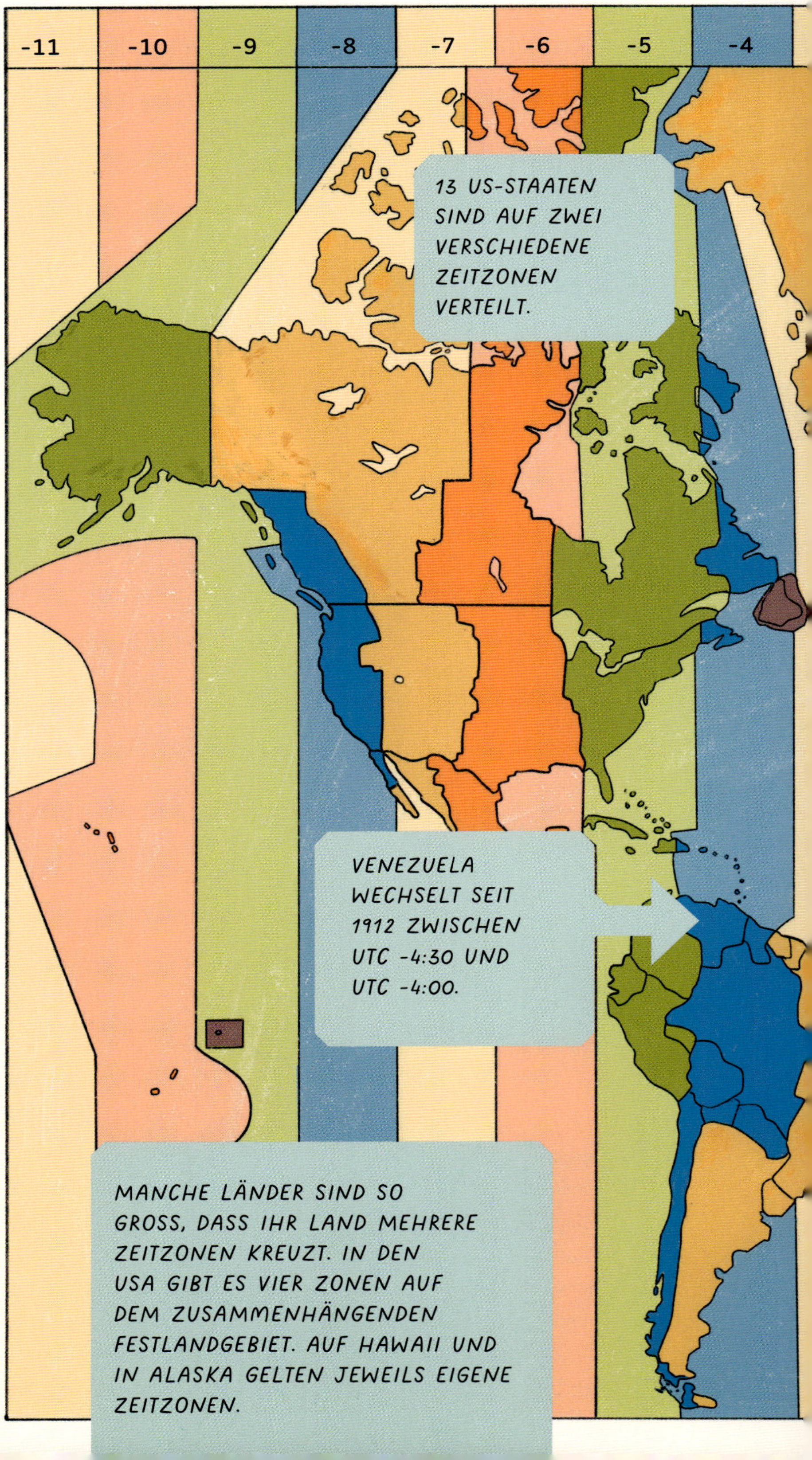

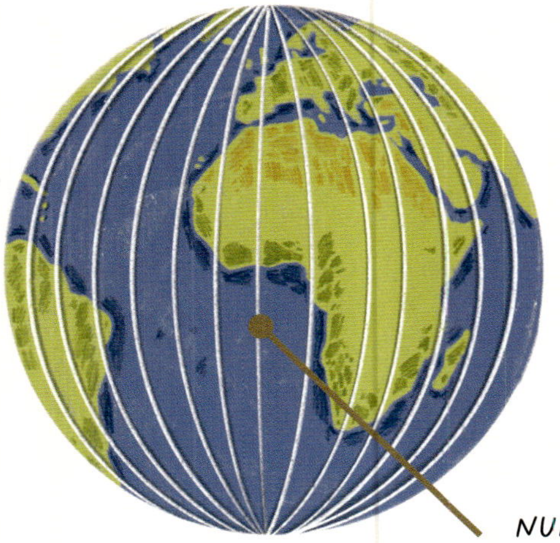

Wenn du um 12 Uhr mittags in London bist und jemanden in Asien anrufst, der sich in der Zeitzone UTC +5 befindet, dann ist es dort fünf Stunden später, also 17 Uhr. Willst du aber jemanden an der US-Westküste anrufen, Zeitzone UTC -8, schläft diese Person wahrscheinlich, denn dort ist es erst 4 Uhr morgens!

Datumsgrenze

Die Internationale Datumsgrenze verläuft mitten durch den Pazifischen Ozean. Sie markiert das Ende eines Kalendertages und den Beginn eines neuen. Beim Überqueren dieser Linie von Ost nach West gewinnt man einen Tag hinzu, d. h. man gelangt in den folgenden Kalendertag, während man beim Überqueren in westlicher Richtung einen Tag verliert.

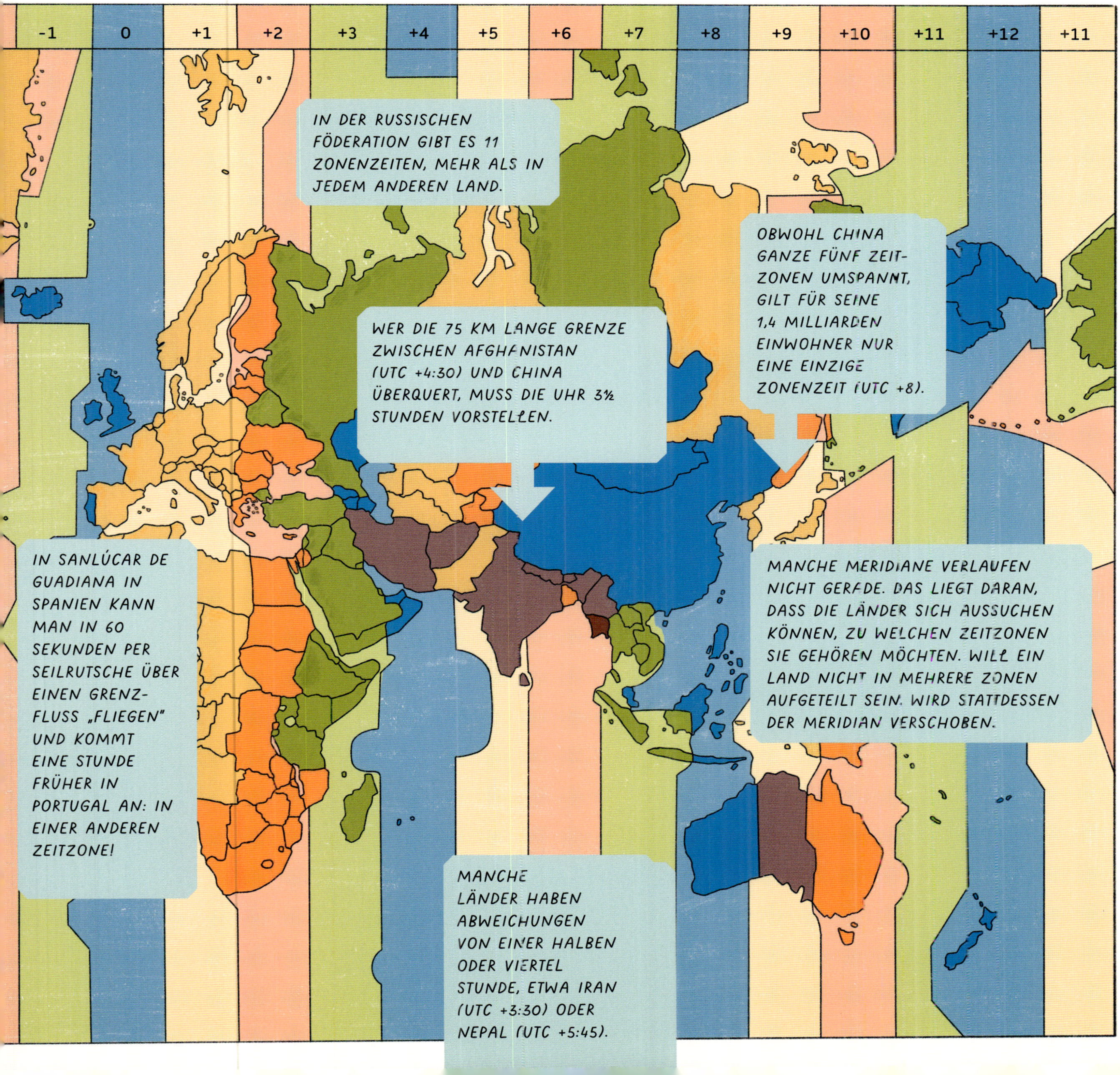

SOMMERZEIT

Fast die halbe Welt bastelt jedes Jahr im Frühling und Herbst an der Zeit herum. Am letzten Märzwochenende wird die Uhr nachts eine Stunde vorgestellt, damit es im Sommer abends länger hell ist. Einige Leute finden diese gestohlene Stunde Schlaf nicht gut und andere genießen die schönen verlängerten Sommerabende.

Wie ihr wollt

Nach dem 2. Weltkrieg konnte in den USA jede Stadt oder Region selbst entscheiden, ob und wann sie die Sommerzeit einführen wollten oder nicht. Für große Transportunternehmen mit festen Fahrplänen war das ein Alptraum. Auf manchen Busstrecken mussten die Reisenden während einer 50-minütigen Fahrt ihre Uhren sechs- bis siebenmal umstellen! 1966 wurde per Gesetz festgelegt, dass die Zeitumstellung immer am selben Datum im Frühling und Herbst erfolgen sollte. 2007 wurde der Herbst-Termin auf den ersten Sonntag im November verschoben, damit es an Halloween nicht ganz so früh dunkel wurde. Süßes oder Saures?!

Plus-minus

In Mitteleuropa werden die Uhren am letzten Sonntag im März um 2 Uhr auf 3 Uhr vorgestellt und am letzten Sonntag im Oktober wieder eine Stunde zurückgedreht. Andere Länder stellen ihre Uhren an einem anderen Datum oder zu einer anderen Uhrzeit um, Syrien und Paraguay beispielsweise um Mitternacht. So kann man bei der Zeitumstellung im Herbst tatsächlich kurz einen Tag zurückreisen!

Nutze das Licht

Das Deutsche Reich und Österreich-Ungarn waren die ersten Länder, die 1916 die Sommerzeit einführten – mitten im 1. Weltkrieg. Man hoffte, die Extrastunde Tageslicht würde viel Energie einsparen und somit dazu beitragen, den Krieg zu gewinnen. Auch die Länder, die sie bekämpften, schlossen sich rasch der Sommerzeit an. Während des 2. Weltkriegs, in den Jahren von 1941 bis 1945, stellten die Briten ihre Uhren im Frühling ganze zwei Stunden vor.

Zwillingszeiten

2016 brachte die US-Amerikanerin Emily Peterson außergewöhnliche Zwillinge zur Welt. Samuel wurde zwar zuerst geboren, aber sein Bruder Ronan war offiziell der Ältere! Wie konnte das sein? Samuel kam um 1:39 Uhr zur Welt, kurz bevor die Uhren eine Stunde zurückgestellt wurden. Obwohl Ronan 31 Minuten später kam, zeigte die Uhr bei seiner Geburt 1:10 Uhr und machte ihn somit zum älteren Bruder!

Sommerzeit weltweit

Aktuell stellen rund 70 Nationen ihre Uhren auf Sommerzeit um. Die meisten Länder in der Nähe des Äquators machen da nicht mit, weil bei ihnen die Tage das ganze Jahr hindurch ungefähr gleich lang sind. Manche Länder können sich einfach nicht entscheiden. Seit 1916 hat Portugal 13 Mal die Sommerzeit eingeführt und wieder abgeschafft, die Türkei sogar 16 Mal!

SELTSAME ZEITEN

Im Laufe der Jahre musste die Zeit so einiges erdulden: Sie wurde nicht nur erworben und verkauft, sondern auch besteuert und manipuliert, mit komischen Namen bedacht und auf merkwürdige Weise gemessen!

Zeitauskunft

Bevor es das Radio und andere Formen der Fernmeldetechnik gab, war es für die Leute schwierig, die korrekte Uhrzeit herauszufinden. Die meisten Uhren des 19. Jahrhunderts mussten ständig umgestellt werden – aber woher wusste man, welche Uhrzeit die richtige war?

Ein Mitarbeiter am Königlichen Observatorium in Greenwich, John Belville, fand eine für ihn äußerst lukrative Lösung. Im Besitz seiner Familie befand sich eine Taschenuhr, die auf eine Zehntelsekunde genau ging. Also stellte John jeden Morgen seine Taschenuhr nach der Uhr des Observatoriums und lief dann durch London, um den Menschen gegen Gebühr einen Blick auf seine Uhr zu erlauben. Sein Geschäftsmodell war ein voller Erfolg. Auch seine Frau und seine Tochter Ruth verkauften den Leuten die korrekte Uhrzeit, und beide arbeiteten bis ins hohe Alter. Das 1836 von Belville gegründete Geschäft bestand bis 1940.

Uhrensteuer

1797 führte die britische Regierung eine Steuer auf Stand- und Taschenuhren ein. Wer eine goldene oder silberne Uhr besaß, musste 10 Schilling bezahlen – heute entspräche das mehr als 73 €! Die Steuer stieß vor allem bei den Uhrmachern auf Ablehnung, die zu Hunderten entlassen wurden. Im folgenden Jahr wurde diese Steuer wieder abgeschafft.

Wurmtag

Die Bewohner der Trobriand-Inseln vor der Küste Papua-Neuguineas feierten bis ins 20. Jahrhundert hinein den Jahreswechsel zu einem ganz besonderen Zeitpunkt: Das neue Jahr begann für sie am „Wurmtag", wenn Schwärme von Palolowürmern aus dem Meer auftauchten, um sich fortzupflanzen.

Ichbezogen

2002 gab der Präsident von Turkmenistan, Saparmyrat Nyýazow, allen Monaten neue Namen. Der September wurde „Ruhnama“ getauft, nach einem Buch, das der Präsident geschrieben hatte, und der April hieß fortan „Gurbansoltan“ – genau wie seine Mutter. Die neuen Namen galten bis 2008.

Bei der Swatch-Internetzeit sind 41,6 .beats eine reguläre Stunde.

Internetzeit

1998 versuchte der Schweizer Uhrenhersteller Swatch, eine Dezimalzeit einzuführen – 200 Jahre, nachdem die Franzosen damit gescheitert waren. Bei dieser „Internetzeit“ besteht der Tag aus 1.000 „.beats“ (dezimale Minuten), und jeder beat ist 86,4 reguläre Sekunden lang. Es hat sich nicht durchgesetzt.

Zeitrevolution

1793 stellte Frankreich auf den „Revolutionskalender“ um. Fortan war die Woche 10 Tage und der Monat 3 Wochen lang. Das Kalendergesetz regelte auch die Zeiteinteilung neu und zwar dezimal: Ein Tag bestand nun aus 10 Stunden, die Stunde hatte 100 Minuten, die Minute 100 Sekunden.

Das Zeitexperiment erwies sich als verwirrend und teuer (im ganzen Land mussten die Uhren ausgetauscht werden) und hielt wenig länger als zwei Jahre. Der neue republikanische Kalender galt jedoch bis 1806.

Im Dezimalsystem entsprach 12 Uhr mittags 5:00 Uhr und 15 Uhr war 6:25 Uhr.

Kein Wochenende

Stell dir vor, es gäbe 11 Jahre lang keine Wochenenden! Genau das passierte den Menschen, die 1929 in der Sowjetunion lebten. Ihr Staatschef, Josef Stalin, führte die „durchgehende Arbeitswoche“ ein: Sie war 5 Tage lang, und die Arbeiter bekamen wahllos einen Tag davon frei, während der Rest ihrer Familie arbeiten musste. Urlaubspläne waren unmöglich! Im Jahr darauf verlängerte Stalin die Woche auf 6 Tage, doch das Wochenende wurde erst 1940 wieder eingeführt.

DIE WELT IM WANDEL

Der Mensch neigt dazu in kurzen Zeitspannen zu denken, doch die Entwicklungen unseres Planeten spielen sich in viel größeren Zeiträumen ab. Wie hat sich die Erde im Laufe der Zeit verändert?

Gebirgsbildung

Die Dinosaurier haben den Himalaya leider nie gesehen. Warum? Das höchste Gebirge der Erde gab es noch nicht, als Dinosaurier die Erde vor 66–245 Millionen Jahren bevölkerten! Vor 100 Millionen Jahren war Indien sogar noch eine Insel, die südlich des Äquators lag. Als diese Insel sich nordwärts bewegte, stieß sie gegen Asien und schob riesige Gesteinsmassen zusammen, von denen einige das Himalaya-Gebirge bildeten. Dieser Prozess ist noch immer im Gange: Der höchste Berg der Erde, der Mount Everest, wird jedes Jahr 0,5–1 cm größer!

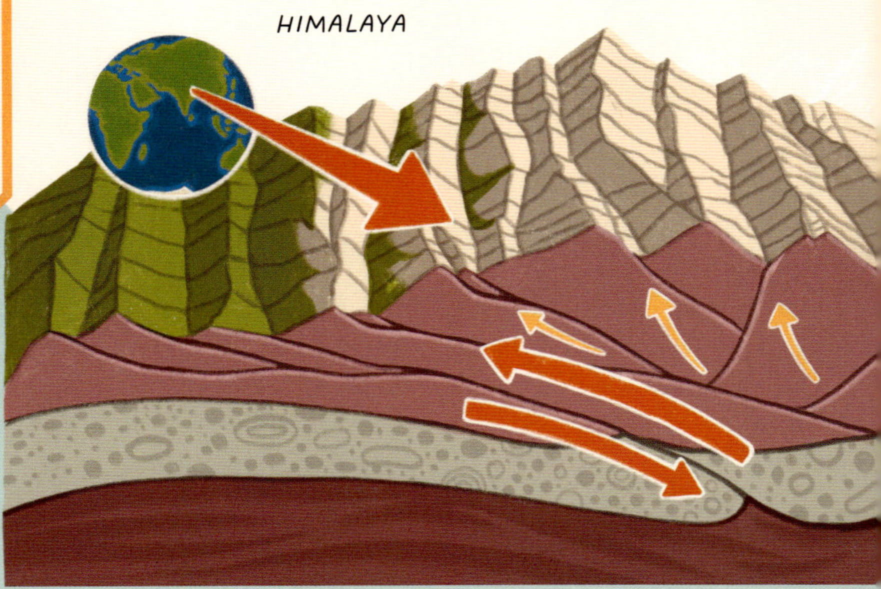

Wandernde Kontinente

Die Erdkruste besteht aus riesengroßen tektonischen Platten. Sie passen ungefähr so zusammen wie die Teile eines Puzzles, können aber voneinander wegdriften oder sich überlagern. Obwohl sich diese Teile nur 1–8 cm pro Jahr bewegen, hat sich die Erde im Lauf der Jahrmillionen stark verändert.

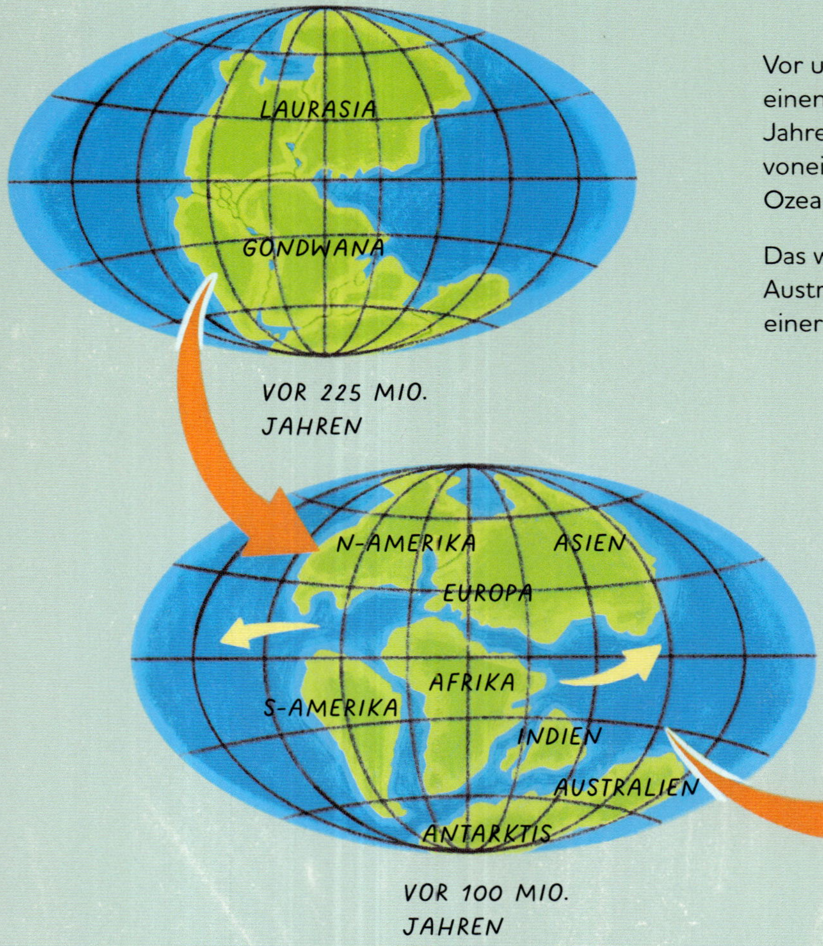

Vor ungefähr 225 Millionen Jahren bildeten Südamerika und Afrika einen Superkontinent namens Gondwana. Vor etwa 130–160 Millionen Jahren teilte sich dieser große Kontinent in zwei Teile, die begannen, sich voneinander zu entfernen. Zwischen ihnen bildete sich der Atlantische Ozean.

Das war nicht die einzige Veränderung. Die Antarktis, Indien, Arabien und Australien waren einst Nachbarn, während Europa und Nordamerika zu einer Landmasse namens Laurasia gehörten.

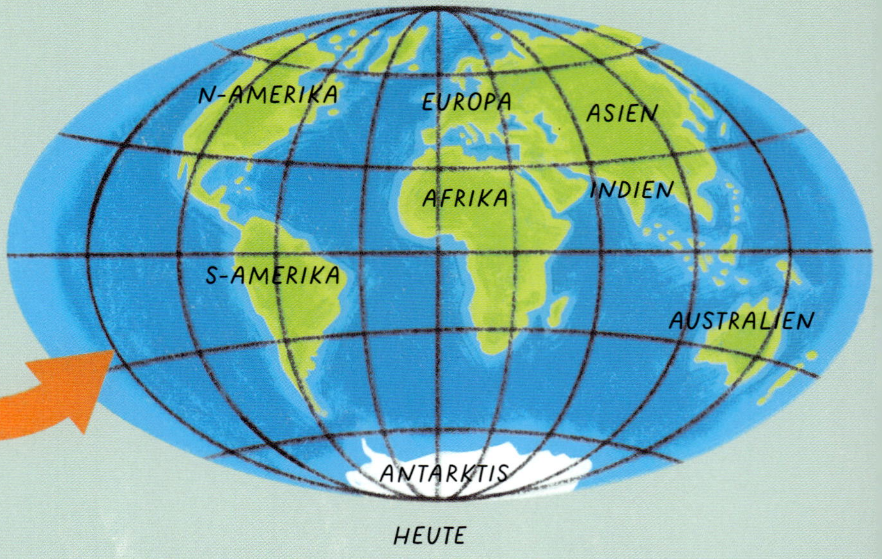

Erodierende Kräfte

Auch andere Prozesse formen das Antlitz der Erde. Unter Erosion versteht man das Abtragen von Gestein durch natürliche Kräfte wie Wind oder Wasser. Flüsse können tiefe Täler graben und eine Landschaft vollkommen verändern. Im Falle des Colorado River in den USA ist auf diese Weise etwas Wunderschönes entstanden: der 448 km lange und 1,8 km tiefe Grand Canyon, der im Laufe von 5–6 Millionen Jahren seine heutige Form fand.

Vulkane

Meistens bilden sich Vulkane im Laufe von Tausenden von Jahren durch unterirdische Aktivitäten und Eruptionen an der Erdoberfläche. Manchmal kann ein Vulkan aber auch ganz schnell entstehen. Am 20. Februar 1943 gab es in einem Maisfeld in Paricutin, Mexiko, einen Vulkanausbruch. Innerhalb von 24 Stunden hatte sich ein 50 m hoher Vulkankegel gebildet! Am Ende der Woche war dieser schon auf 150 m angewachsen. Heute ist er 424 m hoch.

Steigende Zahlen

Die Weltbevölkerung ist im Laufe der Zeit enorm angewachsen, aber nicht mit einer gleichbleibenden Änderungsrate. 10.000 v. Chr. gab es wahrscheinlich nur 4 Millionen Menschen auf der Welt, ungefähr so viele, wie heute in Berlin leben. In unserer Zeit wächst die Erdbevölkerung alle 12 Jahre um etwa 1 Milliarde Menschen – als würde jedes Jahr die Einwohnerzahl Deutschlands neu hinzukommen.

3000 v. Chr.
Zur Blütezeit des Alten Ägypten gibt es auf der Erde ca. 45 Millionen Menschen.

1 n. Chr.
Etwa 230–240 Millionen Menschen leben auf dem Planeten.

1000 n. Chr.
Es leben ca. 323 Millionen Menschen – weniger als heute in den USA.

1700
Die Bevölkerungszahlen wachsen immer schneller.

1835
Zwischen 1700 und 1835 verdoppelt sich die Bevölkerung auf über eine Milliarde.

1945
2,4 Milliarden Menschen.

1985
In nur 40 Jahren hat sich die Weltbevölkerung auf 4,87 Milliarden verdoppelt.

2000
6 Mrd.

2022
8 Mrd.

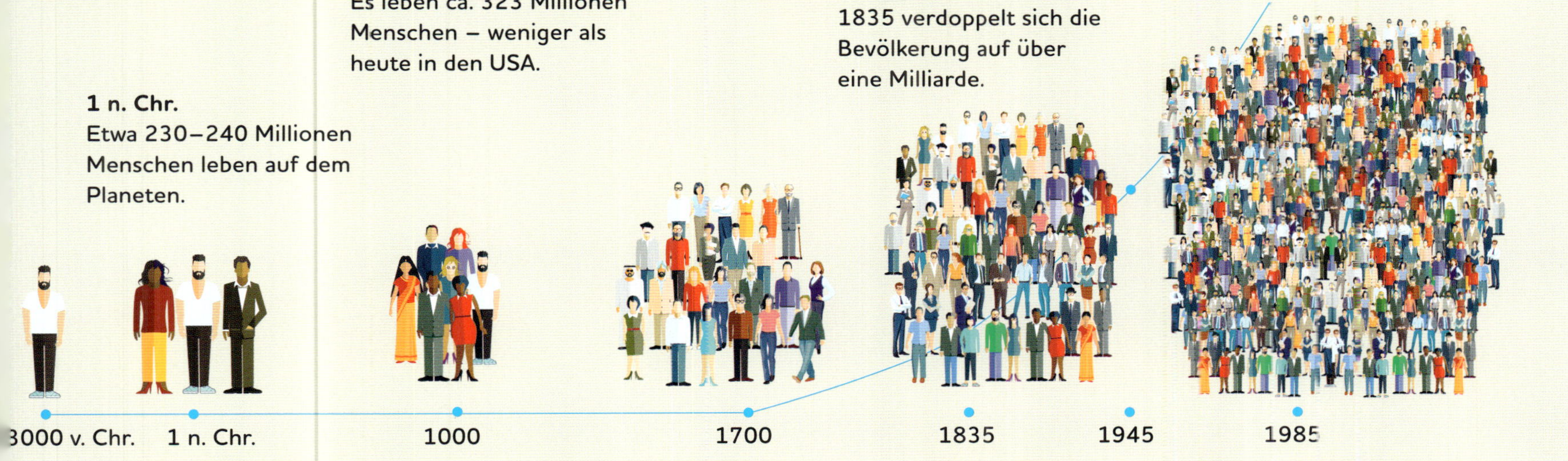

GEOLOGISCHE ZEIT

Die Zeit begann mit der Entstehung unseres Planeten vor rund 4,54 Milliarden Jahren. Aus dem Sedimentgestein lässt sich die lange Geschichte der Erde herauslesen. Im Laufe der Jahrmillionen lagerten sich viele Gesteinsschichten übereinander ab, sodass die älteste Schicht ganz unten und die jüngste ganz oben zu finden ist.

Stein und Bein

Geolog*innen (Forschende, die sich mit der Entwicklung der Erde, Gesteine und der Erdkruste beschäftigen) nutzen die geologische Zeitskala anhand von Fossilien. Sie datieren die versteinerten Überreste von einstigen Lebewesen, je nachdem, in welcher Gesteinsschicht sie gefunden wurden. Die Untersuchung der Schichten direkt darüber oder darunter erlaubt ebenfalls Rückschlüsse auf das Alter. Grundsätzlich sind Fossilien umso älter, je tiefer die Schicht liegt, in der sie gefunden wurden. Mit anderen Worten: Je tiefer man gräbt, desto weiter reist man in die Vergangenheit!

Zeitskala

Die Unterteilung der geologischen Zeitskala in immer kleinere Zeiteinheiten wirkt auf den ersten Blick verwirrend, ist aber eigentlich gar nicht so kompliziert.

Leitfossilien

Da Geolog*innen heutzutage schon sehr viel über Fossilien und Gesteine wissen, können sie ein bekanntes Fossil, das während einer kurzen Zeitspanne lebte (ein sogenanntes „Leitfossil"), verwenden, um das Alter anderer Fossilien (unbekannten Alters) und ganzer Gesteinsschichten zu bestimmen. So ist z. B. ein Fossil, das in der gleichen Schicht wie ein Tyrannosaurus-Skelett gefunden wurde, wahrscheinlich etwa 68–66 Millionen Jahre alt.

Vier ÄONEN decken die gesamte Erdgeschichte ab. Ein Äon ist mindestens 500 Millionen Jahre lang.

Das jüngste Äon, das Phanerozoikum, ist in drei ÄREN unterteilt. Unsere Ära, das Känozoikum, umfasst über 66 Millionen Jahre – vom Aussterben der Dinosaurier bis heute.

Das Känozoikum ist wiederum in drei PERIODEN gegliedert. Die jüngste ist die, in der wir leben: das Quartär.

Perioden werden in EPOCHEN unterteilt. Wir leben im Holozän, das vor rund 11.700 Jahren begann. Jetzt kennst du die verschiedenen Ebenen der Erdgeschichte!

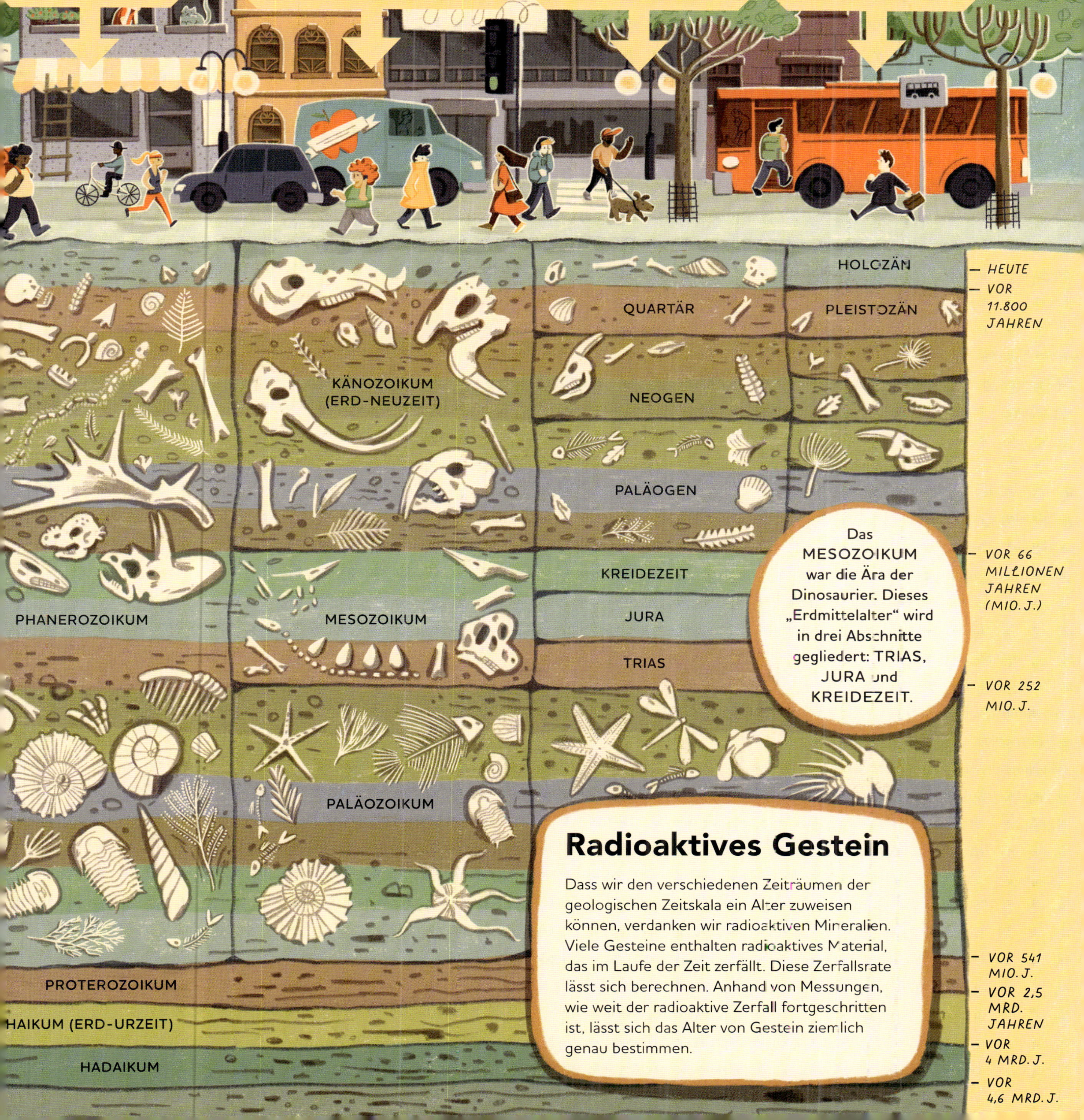

Das MESOZOIKUM war die Ära der Dinosaurier. Dieses „Erdmittelalter“ wird in drei Abschnitte gegliedert: TRIAS, JURA und KREIDEZEIT.

Radioaktives Gestein

Dass wir den verschiedenen Zeiträumen der geologischen Zeitskala ein Alter zuweisen können, verdanken wir radioaktiven Mineralien. Viele Gesteine enthalten radioaktives Material, das im Laufe der Zeit zerfällt. Diese Zerfallsrate lässt sich berechnen. Anhand von Messungen, wie weit der radioaktive Zerfall fortgeschritten ist, lässt sich das Alter von Gestein ziemlich genau bestimmen.

WIE ALT?

Wie können wir das Alter von Dingen bestimmen, die älter sind als wir? Und wie lassen sich Ereignisse der Vergangenheit datieren? Die Wissenschaft hat dafür ein paar ziemlich coole Methoden gefunden!

Jahresringe

Jedes Jahr wird der Stamm eines Baumes ein kleines bisschen dicker. Er bildet einen neuen äußeren Ring direkt unter der Rinde. Eine Wissenschaft namens Dendrochronologie bestimmt mithilfe dieser Ringe das Alter eines Baumes und noch viel mehr. In regenreichen Jahren wachsen Bäume schneller, und auch Waldbrände hinterlassen Spuren. Anhand seiner Ringe kann das Leben eines Baumes nachgezeichnet werden.

Es gibt eine Methode, wie man einen Blick auf den Querschnitt eines Baumstammes werfen kann, ohne den Baum zu fällen und damit zu töten: Man dreht einen speziellen Bohrer bis zur Mitte in den Stamm hinein und entnimmt somit einen Bohrkern, bei dem man die Jahresringe analysieren kann.

In Schichten wachsen

Bei Knochenfischen kommen jedes Jahr an den Flossenstrahlen und an den Ohrsteinen (Otholiten) Wachstumsschichten (Circuli) hinzu. Diese lassen sich zählen, ähnlich wie Jahresringe am Baum, und so kann man das Alter des Fisches bestimmen. Große Haie haben ringförmige Verkalkungen in den Wirbelkörpern, die jedes Jahr wachsen.

EIN HOHL-KERNBOHRER FUNKTIONIERT ÄHNLICH WIE EIN APFEL-ENTKERNER.

Eisbohrkerne

Ein Eisbohrkern ist ein langes, schmales, walzenförmiges Stück Eis, das durch tiefe Bohrungen in einem Gletscher oder Eisschild gewonnen wurde. Diese Bohrkerne enthalten Schneeschichten, die sich im Laufe der Jahrtausende ablagerten und zu Eis gepresst wurden. Die im Schnee enthaltenen chemischen Stoffe und Teilchen sind, neben Luftblasen, im Eis eingeschlossen und erlauben Rückschlüsse auf die frühere Zusammensetzung der Atmosphäre.

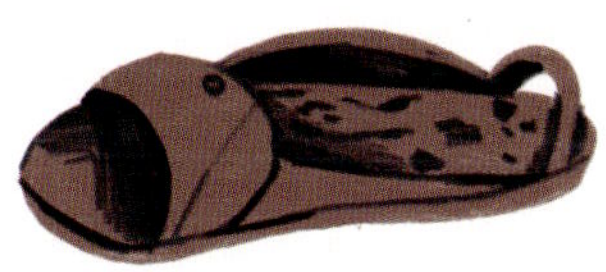

Radiokarbonmethode

Alle Lebewesen nehmen aus der Luft und der Nahrung Kohlenstoff auf. Eines der Kohlenstoff-Isotope, der sogenannte Radiokohlenstoff (^{14}C), ist radioaktiv und zerfällt. Wenn Pflanzen oder Tiere sterben, nehmen sie keinen Kohlenstoff mehr auf, aber das im Körper enthaltene ^{14}C zerfällt weiterhin.

Forschende wissen, wie lange es dauert, bis die Hälfte des verbliebenen ^{14}C verschwindet: Diese sogenannte Halbwertszeit beträgt etwa 5 730 Jahre! Da die ^{14}C-Atome mit einer konstanten Rate zerfallen, kann man das Alter eines abgestorbenen Organismus ermitteln, indem man misst, wie viel ^{14}C noch vorhanden ist.

Diese Technik funktioniert bei alten Skeletten und bei Fundstücken aus Holz oder Leder. Mithilfe dieser Methode lassen sich auch echte Artefakte von Fälschungen unterscheiden.

LEBENSDAUER

Die Länge eines Lebens – oder auch wie lange etwas hält – nennt man „Lebensdauer". Materialien wie Plastik scheinen ewig zu halten, während ein Papiertuch innerhalb weniger Wochen verrottet. Auch die Organismen unseres Planeten leben unterschiedlich lang. Manche leben nur wenige Stunden, andere Jahrhunderte!

24 Stunden
Eine erwachsene Eintagsfliege lebt höchstens 24 Stunden. Ihr Leben ist so kurz, dass sie noch nicht einmal einen Mund hat.

5–7 Tage
Die unter 1 mm langen Flaschentierchen leben im Sand und im Wasser. Schon 3 Tage nach dem Schlüpfen können sie sich fortpflanzen, und nach einer Woche ist ihr Leben vorbei.

42 Tage
Das ist die übliche Lebensdauer der Gänserauke *(Arabidopsis thaliana)*.

60 Tage
Die Zwerggrundel, ein winziger tropischer Fisch, lebt nur zwei Monate.

Weniger als 1 Jahr
Einjährige Blütenpflanzen vollenden ihren Lebenszyklus (Samen, bis zur fortpflanzungsfähigen Pflanze, Absterben) in weniger als 12 Monaten.

2 Jahre
Das ist das Höchstalter, das Wiesel erreichen können. Es ist mit die kürzeste Lebensdauer aller Säugetiere.

12 Jahre
So lange hält im Durchschnitt eine moderne Waschmaschine.

14 Jahre
Königstiger werden oft nicht älter; viele Vertreter dieser bedrohten Art sterben leider schon in jungen Jahren.

17 Jahre
So lange hält ein gewöhnlicher Kugelschreiber, wenn du damit einmal am Tag etwas unterschreibst.

50–70 Jahre
Das ist die übliche Lebensdauer eines Weidenbaumes.

Betagter Albatros

Albatrosse werden normalerweise um die 40 Jahre alt. 2021 legte ein altes Albatros-Weibchen im Wildtierschutzgebiet auf dem Midway-Atoll im Pazifik überraschenderweise ein Ei, brütete es aus und wurde noch einmal Mutter – mit 70 Jahren!

30 Jahre
Einweg-Kaffeebecher bestehen zwar größtenteils aus Pappe, haben aber oft eine Kunststoffbeschichtung und verrotten dadurch nur sehr langsam.

40–60 Jahre
Elefanten und andere Großsäuger leben normalerweise ziemlich lange.

54 Jahre
Die durchschnittliche Lebenserwartung einer Person, die 2022 in der Zentralafrikanischen Republik geboren wurde, ist die niedrigste weltweit.

85 Jahre
Die durchschnittliche Lebenserwartung einer Person, die 2022 in Hongkong zur Welt kam, ist die höchste weltweit.

122 Jahre, 164 Tage
Die Französin Jeanne Calment (1875–1997) hat das bislang höchste erwiesene Lebensalter eines Menschen erreicht.

Ältestes Landtier

Jonathan, eine Seychellen-Riesenschildkröte, feierte 2022 seinen 190. Geburtstag. Als er 1882 auf der Insel St. Helena ankam, wurde sein Alter auf mindestens 50 Jahre geschätzt. Seitdem lebt er auf der Atlantikinsel.

225 Jahre
Die USS *Constitution* wurde 1797 gebaut und ist das älteste noch seetüchtige Schiff.

Über 272 Jahre
Die Untersuchung eines 5,6 m langen Grönlandhais ergab 2016, dass der Fisch zwischen 272 und 512 Jahr alt war.

450 Jahre
Das ist die Lebensdauer einer gewöhnlichen Plastikflasche. Da Plastik extrem langsam verrottet, ist es zu einem gewaltigen Umweltproblem geworden.

Uralte Muscheln

Eine Islandmuschel namens Ming, die 2006 aus dem Meer rund um Island gefischt wurde, schätzte man auf 507 Jahre. Das bedeutet, dass diese Muschel schon lebte, als Christoph Kolumbus über den Atlantik segelte. Leider starb das Tier während der Untersuchungen.

2.300 Jahre
Das Leben des ältesten Karibischen Vasen-Schwamms begann, bevor es das Römische Reich gab.

4.855 Jahre
Der Samen, aus dem eine Langlebige Kiefer in Kalifornien (USA) wuchs, keimte 2833 v. Chr. – mehr als 200 Jahre, bevor die Alten Ägypter mit dem Bau der Cheops-Pyramide begannen.

ZEICHEN DER ZEIT

Moden kommen und gehen. Im Laufe der Jahrhunderte waren die unterschiedlichsten Bau- und Kleidungsstile angesagt. An der Abfolge dieser Stile können wir Fortlauf und Vergehen der Zeit festmachen.

Dem Zeitgeist hinterher

Heutzutage ändert sich die Mode stetig – in Zeiten von Massenmedien und Internet verbreiten sich Trends in Sekundenschnelle. Früher war der Informationsfluss viel langsamer, und ein bestimmter Modestil konnte Länder und Kontinente ein ganzes Jahrhundert lang prägen.

Das Aufkommen eines neuen Stils kann auch mit veränderten Herstellungsmethoden oder der Erfindung neuer Materialien zu tun haben. In der Bekleidungsindustrie war das beispielsweise das Aufkommen von Kunstfasern wie Nylon, in der Architektur der Einsatz von Kunststoffen und die Möglichkeit, Beton in geschwungene Formen zu gießen.

Auch gesellschaftliche Veränderungen spiegeln sich in der Mode wider. Als vor 100 Jahren in Europa immer mehr Frauen Fahrrad fuhren und einem Beruf nachgingen, waren unpraktische bauschige Gewänder und enge Korsette nicht mehr zeitgemäß. Im Zweiten Weltkrieg stieg die Nachfrage nach einfacher Kleidung, für die man weniger Stoff brauchte.

Zeitleiste der westlichen Architektur und Mode

Römische Antike (um 900 v. Chr.–470 n. Chr.)
Steinerne Säulen;
Betonung liegt auf Symmetrie

Gotik (1100–1450)
Spitzbögen;
hohe, schmale Türme

Barock (Anfang 17. Jh. bis 1750)
Überreich verziert mit vielen Details;
geschwungene Formen, Kuppeln
und Spitztürme

Altes Rom
Männer von hohem Stand trugen Toga.

Antikes Griechenland
Locker drapierte Tuniken

14. Jh. Wollene Jacken und Strumpfhosen

14. Jh. Langärmelige, bodenlange Gewänder

17. Jh. Wams und Kniehose

17. Jh. Breiter Kragen und reich besticktes, verziertes Kleid

Revivals

Viele Kleidungs- und Baustile, die irgendwann nicht mehr gefragt waren, feiern einige Jahrzehnte oder Jahrhunderte später ein Comeback. Der Neoklassizismus, der sich Anfang des 18. Jahrhunderts in Europa durchsetze, kopierte die Säulen, Kuppeln und symmetrischen Linien der Antike. Im viktorianischen Großbritannien kam es Anfang des 19. Jahrhunderts zu einem „Gotik-Revival", angelehnt an die gotische Architektur des Mittelalters. Der Westminsterpalast in London wurde in diesem neogotischen Stil erbaut.

Auch die Mode holt sich Inspirationen aus der Vergangenheit.

Die in den 1970er Jahren angesagten Plateauschuhe waren eigentlich eine Neuauflage der „Trippen" aus der Renaissance: hölzerne Unterschuhe, die verhindern sollten, dass der Rocksaum über den schmutzigen Boden schleifte. Manche waren 50 cm hoch, sodass die Trägerin eine Begleitperson brauchte, während sie die Straße entlangstolperte.

Neoklassizismus (1730–1920er)
Säulen und Bögen im griechisch-römischen Stil, Rückbesinnung auf Symmetrie

Moderne (1900–heute)
Kastenförmiges oder abstraktes Design; Betonwände und große Glasflächen bzw. -fenster

Postmoderne (ab 1970er Jahre)
Verspieltes Design; Einsatz neuer Materialien wie z.B. Kunststoffe

Frühes 19. Jh. Schlichte, fließende Kleider, inspiriert von der Antike

1850er Lange Jacken und Zylinder für reiche Männer

1850er Ausladende Reifröcke für Damen

1920er Schmale, schlichte Kleider im „Flapper-Look"

1930er Anzug, Krawatte und Fedora

1970er Schlaghosen und bunte Hemden

1980er Leggings und Stulpen

DIE ZEIT DEINES LEBENS

Selbst wenn du dich ausruhst, geschehen erstaunliche Dinge in und an deinem Körper. Die folgenden Durchschnittswerte zeigen dir die sekündlich, minütlich, stündlich, täglich und monatlich ablaufenden Vorgänge, die dich am Leben erhalten.

In einer Sekunde

Dein phänomenaler Körper bildet ungefähr 3,8 Millionen Zellen. Die meisten davon sind entweder Blutzellen oder Zellen im Darm.

Der Speisebrei wird 2–3 cm weit die Speiseröhre hinabtransportiert Richtung Magen.

Eine einzige Nervenzelle im Gehirn, ein sogenanntes Neuron, kann bis zu 1.000 Signale an andere Neuronen senden. Dein Gehirn besteht aus Millionen von Neuronen!

In einer Minute

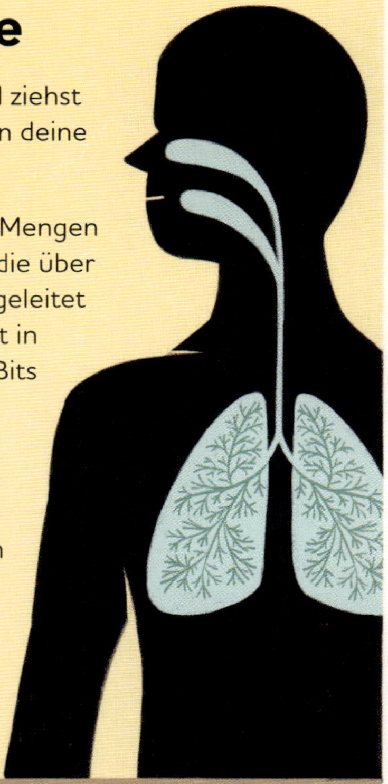

Du atmest etwa 16-mal ein und ziehst dabei jedes Mal 5–7 Liter Luft in deine Lungen.

Deine Augen nehmen RIESIGE Mengen an visuellen Informationen auf, die über den Sehnerv ans Gehirn weitergeleitet werden. Dein Gehirn verarbeitet in dieser Zeit rund 600 Millionen Bits an visuellen Daten.

Während dein Gehirn unzählige Informationen aufnimmt, fallen permanent Teile deiner äußeren Hautschicht ab. In einer Minute verlierst du mindestens 30.000 Hautzellen.

In einer Stunde

Du blinzelst unglaubliche 800–1.200 Mal. Zum Glück haben die kleinen Augenlidmuskeln genügend Kondition für diese Aufgabe!

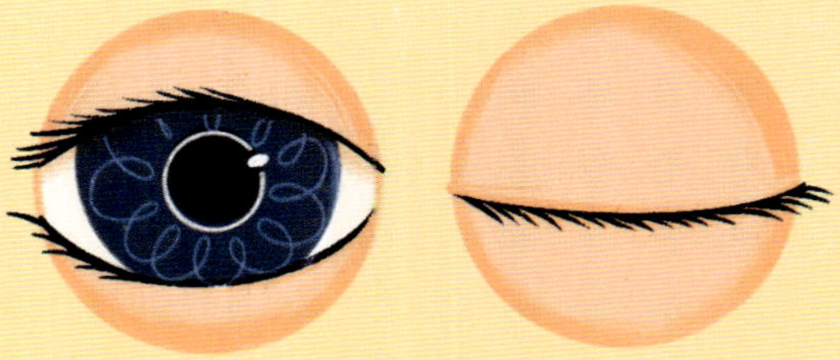

Dein Blut legt – dank der Pumpleistung des Herzens – eine Strecke von 790 km durch deinen Körper zurück.

Du hast mindestens 50 verschiedene Gedanken.

An einem Tag

Dein Herz schlägt durchschnittlich 100.000 Mal und wenn du aktiv bist, sogar noch häufiger. Mit jedem Herzschlag werden etwa 70 ml Blut bewegt.

Deine Speicheldrüsen produzieren ein bis zwei Liter Speichel. Er bereitet die Nahrung in deinem Mund auf die Verdauung vor, noch bevor du sie hinunterschluckst.

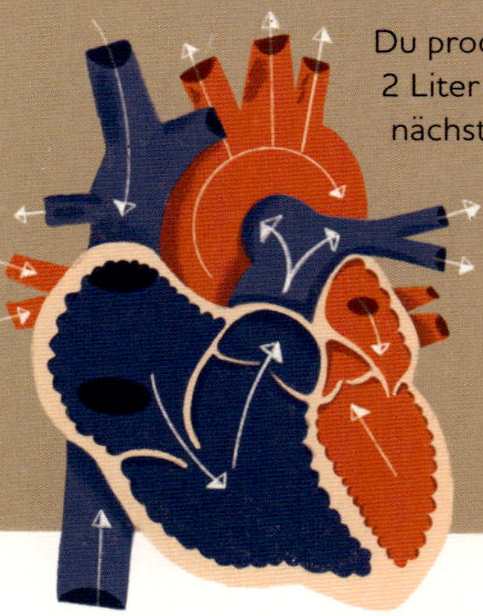

Du produzierst zwischen 0,8 und 2 Liter Urin am Tag. Bis zum nächsten Toilettengang füllt er die Harnblase, ein dehnbares Hohlorgan.

In einem Monat

Ein normaler Knochenbruch ist zur Hälfte oder zu zwei Dritteln geheilt. Bei Kindern heilen Knochen schneller als bei Erwachsenen.

Deine Fingernägel wachsen ungefähr 3,5 mm. Deine Zehennägel wachsen nur etwa halb so schnell.

Dein Kopfhaar wächst in dieser Zeit 0,5–1,7 cm. Ein Haarschopf besteht im Durchschnitt aus mehr als 100.000 einzelnen Haaren.

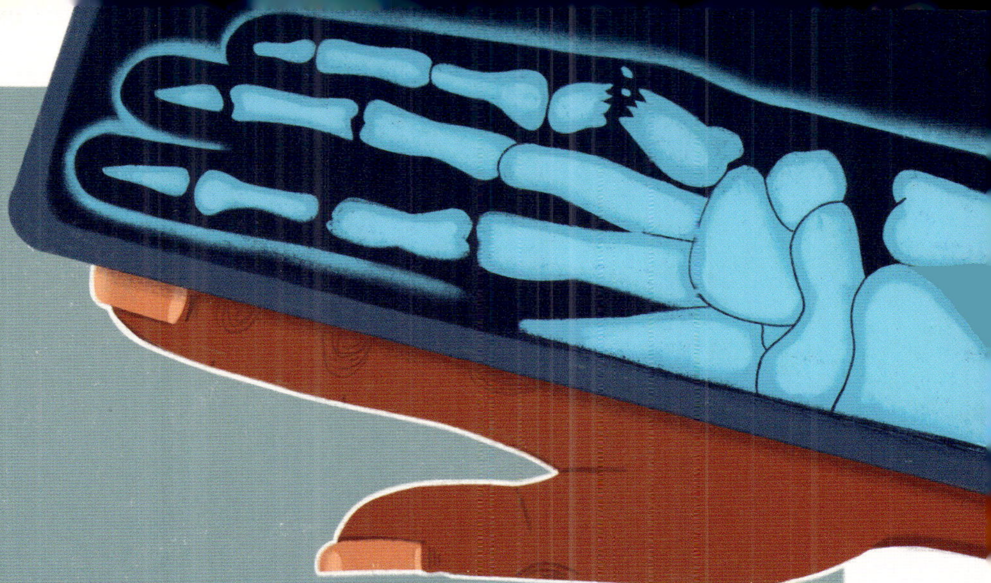

Im Lauf eines Lebens

Wenn wir von einer Lebenserwartung von 79 Jahren ausgehen, entspricht das 28.854 Tagen (einschließlich 19 Schaltjahre). Was um alles in der Welt machen wir eigentlich in all dieser Zeit?

Wir schlafen unfassbare 26 Jahre und verbringen bis zu 33 Jahre damit, im Bett zu liegen und uns auszuruhen – oder mit dem Versuch, einzuschlafen oder endlich aufzustehen.

Ganze 11 Jahre verbringen wir vor dem Bildschirm, also vor dem Fernseher, am Smartphone, Tablet oder PC, schauen uns etwas an oder sind auf Social Media unterwegs.

Ungefähr $4\frac{1}{2}$ Jahre widmen wir unserem Essen, mindestens 50 Tage stehen wir in der Schlange und mehr als 2 Jahre unseres Lebens halten wir uns im Badezimmer auf!

INNERE UHREN

Wusstest du, dass es eine Uhr gibt, die du immer dabei hast? Sie ist Teil deines Körpers und sie besteht aus Zellen und Stoffen, deren Zusammenspiel dein Essverhalten, deinen Schlaf und andere Vorgänge steuert.

Tag und Nacht

Hier siehst du den typischen 24-Stunden-Rhythmus einer erwachsenen Person. Da aber jeder Mensch ein wenig anders ist, können die Zeiten variieren.

Circadiane Rhythmik

Dein Körper funktioniert nach einer Reihe von ungefähr 24 Stunden langen Mustern oder Zyklen. Diese circadianen Rhythmen beeinflussen, wann du dich schlapp oder energiegeladen fühlst und wann du etwas zu essen oder ein Schläfchen brauchst. Außerdem können sie deinen Blutdruck beeinflussen oder wann du dein großes Geschäft verrichtest.

Biologische Uhren

In den meisten Organen und Geweben deines Körpers befinden sich Zellen, deren Bestandteile wie eine innere Uhr funktionieren. Eine Ansammlung von etwa 20.000 Zellen in deinem Gehirn, der sogenannte „suprachiasmatische Kern“ (abgekürzt SCN), ist die oberste Kontrollinstanz. Mithilfe von chemischen Botenstoffen, den Hormonen, werden alle anderen inneren Uhren gesteuert. Bei wenig Licht, also z. B. nachts, sorgt der SCN dafür, dass ein Hormon namens Melatonin produziert und ausgeschüttet wird, wodurch du dich schläfrig fühlst. Morgens senkt der SCN den Melatonin-Spiegel wieder, damit du – theoretisch – hellwach sein kannst!

Lerchen und Eulen

Die innere biologische Uhr beeinflusst nicht alle Menschen auf die gleiche Weise. Manche sind Frühaufsteher („Lerchen“), d. h. sie wachen morgens früh auf und gehen abends früh schlafen, andere zählen zu den Langschläfern („Eulen“). Im Laufe des Lebens ändert sich die innere Uhr oft: Kleine Babys schlafen 14–20 Stunden am Tag, und Teenager haben einen anderen Rhythmus als Erwachsene, d. h. sie möchten abends länger wach bleiben und morgens länger schlafen.

Jetlag

Dinge wie Sport, Schlafmangel oder Langstreckenflüge beeinflussen deine innere Uhr. Früher war man mehrere Tage unterwegs, wenn man auf dem Landweg oder per Schiff ein paar Zeitzonen (siehe S. 42–43) durchqueren wollte. Heutzutage kannst du mit dem Flugzeug an einem Tag um die halbe Welt fliegen. Das bringt deine innere Uhr durcheinander. Wenn du z. B. sechs Zeitzonen durchquerst, kommst du vielleicht um 9 Uhr Ortszeit an, doch für deinen Körper fühlt es sich an wie 3 Uhr nachts! Bis deine innere Uhr sich angepasst hat, dauert es ein paar Tage.

WISSEN TIERE, WIE SPÄT ES IST?

Dein Hund kann dir nicht sagen, dass es 11:15 Uhr ist, und deine Katze weiß nicht, ob Wochenende ist oder du zu spät zur Schule kommst. Trotzdem ist die Wissenschaft davon überzeugt, dass einige Tiere ein Gefühl für Zeit haben und sie auf ganz andere Art und Weise messen als wir das tun.

Pünktliche Mäuse

Tiere sind möglicherweise in der Lage, das Vergehen von kurzen Zeitspannen einzuschätzen. In einer Studie aus dem Jahr 2018 wurden Mäuse trainiert, 6 Sekunden zu warten, bis sich eine kleine Tür öffnete, hinter der es eine Belohnung gab. Als die Tür später entfernt wurde, warteten die Mäuse immer noch genau 6 Sekunden, bevor sie weiterliefen. Das zeigt, dass ein Teil ihres Gehirns in Verbindung mit ihrem Gedächtnis dazu in der Lage ist, eine bestimmte Zeitdauer zu ermessen.

Innere Uhr

Genau wie wir Menschen (siehe S. 60) haben auch Tiere eine innere Uhr. Veränderungen in ihrer Körperchemie sagen ihnen, dass sie schlafen und essen müssen. Eine bestimmte Zikadenart besitzt eine besonders erstaunliche innere Uhr. Wenn diese Periodischen Zikaden aus ihren Eiern geschlüpft und zu Nymphen geworden sind, graben sie sich in die Erde ein und verbringen dort 17 Jahre (manche Arten 13 Jahre). Danach kommen sie an die Oberfläche und haben nun als ausgewachsene Zikaden ein paar Wochen Zeit, sich fortzupflanzen. Wie sie es schaffen, die richtige Anzahl an Jahren unter der Erde zu verbringen, ist der Wissenschaft noch ein Rätsel.

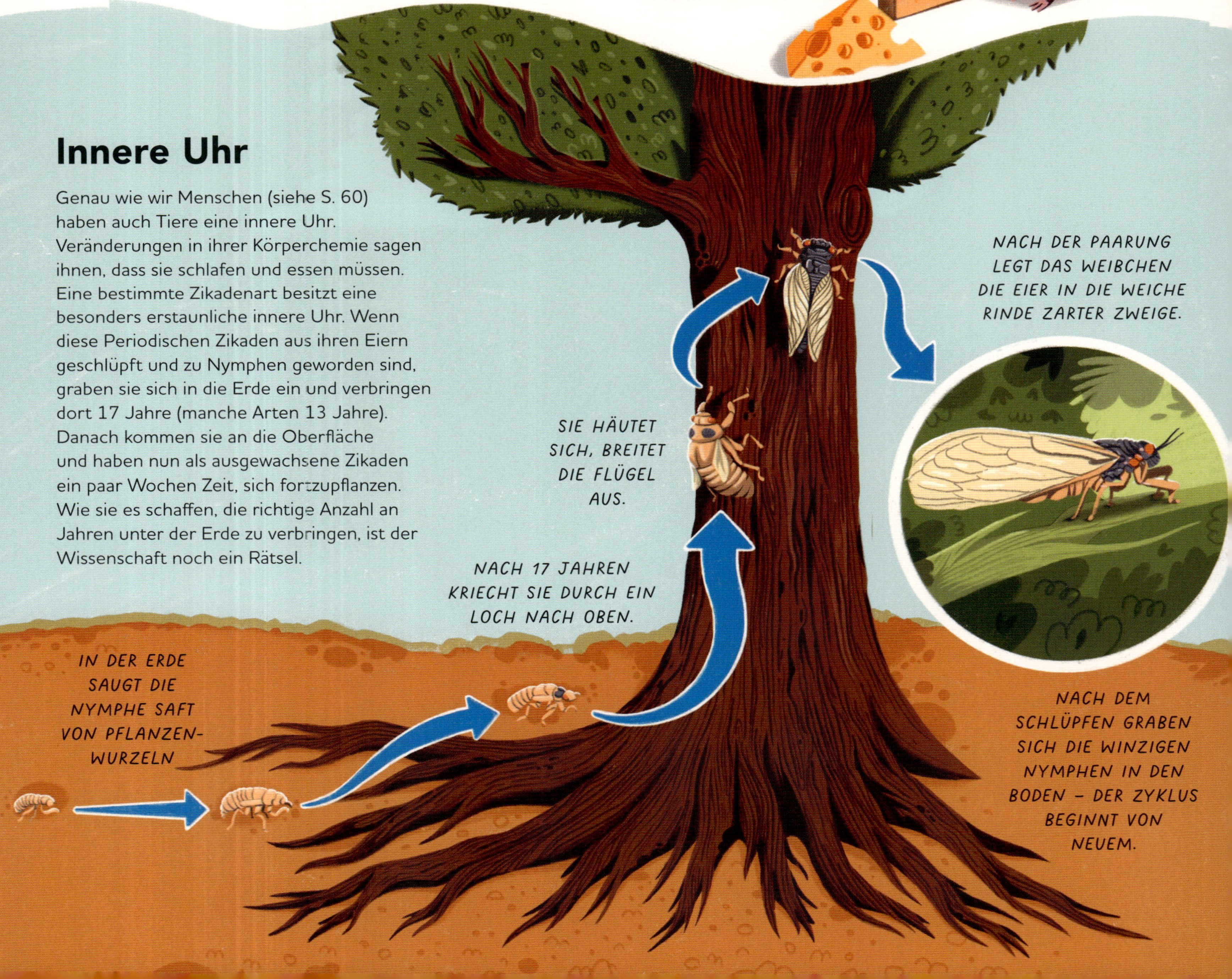

In Zeitlupe

Kleine Tiere neigen dazu, sich sehr flink zu bewegen, schnell zu handeln und zu denken, denn im Vergleich zu uns erleben sie kleinere Zeiteinheiten. Ihre kürzere Zeit läuft für sie verlangsamt ab. Eine Fliege ist deswegen so schwer zu erwischen, weil visuelle Informationen extrem schnell von den Augen ans Gehirn weitergegeben werden. Daher sehen Fliegen pro Sekunde viel mehr bewegte Einzelbilder (etwa 250) als wir (etwa 60). Für sie bewegen sich Objekte im Vergleich zu dem, was wir wahrnehmen, in Zeitlupe. Das gibt den Fliegen die Chance rasch zu reagieren und der Gefahr zu entkommen.

EINE LIBELLE SIEHT 300 BEWEGTE EINZELBILDER PRO SEKUNDE – MEHR ALS EINE FLIEGE! NICHT UMSONST GELTEN SIE ALS DIE TÖDLICHSTEN JÄGER DER NATUR. SIE ERWISCHEN RUND 95% DER VON IHNEN ANVISIERTEN BEUTETIERE.

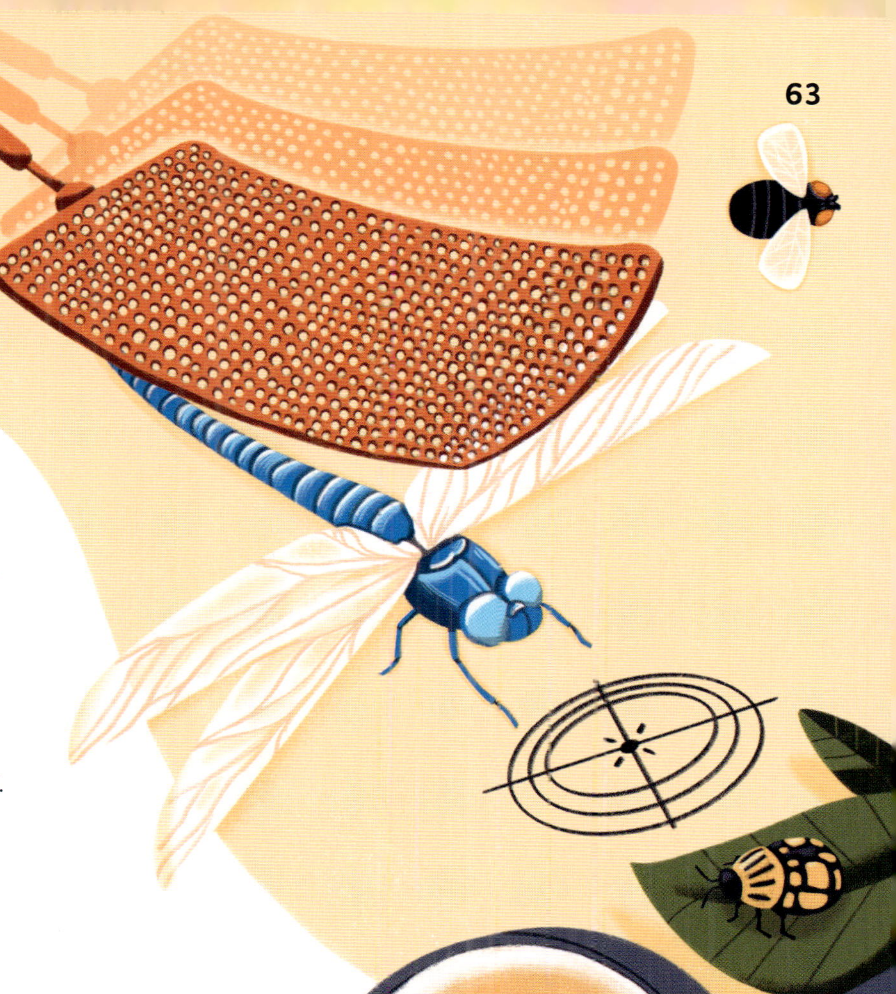

Mit den Gezeiten

Der kleine Krebs *Eurydice pulchra* verfügt über eine Art Gezeitenuhr. Er weiß, wann er sich tief in den Sand eingraben muss, um von den Wellen nicht weggespült zu werden und wann er wieder herauskommen kann, um auf Nahrungssuche zu gehen.

Austern öffnen und schließen ihre Schalen im Einklang mit bestimmten Mondphasen. Das hängt sehr wahrscheinlich auch mit Bewegung und Vorkommen von Plankton zusammen, von dem sich die Muscheln ernähren.

Zeit für Veränderung

Schwertfische können ihre Wahrnehmung verändern! Normalerweise sehen sie deutlich weniger Einzelbilder pro Sekunde als der Mensch (etwa ein Fünftel), sodass die Zeit für sie schnell zu vergehen scheint. Doch wenn ein Schwertfisch auf die Jagd geht, pumpt er vorher mehr Blut in Richtung Augen, wo ein besonderer Muskel das gesamte Gewebe rund um die Augen um 10–15 °C erwärmt. Dadurch werden Reize schneller verarbeitet, sodass die Fische besser sehen können. Der Fisch nimmt alles in Zeilupe wahr und kann so besser die Beute fangen!

DU BIST SPÄT DRAN!

Wir alle haben uns schon einmal verspätet oder uns geärgert, weil jemand oder etwas zu spät kam. Der erste Präsident der USA, George Washington, hasste Unpünktlichkeit. Seine Arbeitsessen begannen immer donnerstags um Punkt 16 Uhr, ob seine Gäste da waren oder nicht!

Bist du ein pünktlicher Mensch?

Manche Leute kommen immer zu spät. In der Psychologie hat man diese Gruppe in vier verschiedene Persönlichkeitstypen unterteilt:

Perfektionist*in
Die Person kann erst das Haus verlassen, wenn alles perfekt ist: eine zu erledigende Aufgabe und auch der eigene Look!

Adrenalin-Junkie
Liebt den Rausch der Stresshormone beim Wettrennen gegen die Zeit. Fühlt sich produktiver unter Zeitdruck.

Rebell*in
Entscheidet sich bewusst dafür, zu spät zu kommen, um sich gegen etwas aufzulehnen, z. B. gegen die Schule oder das Familientreffen.

Träumer*in
Lebt in einer Phantasiewelt; unterschätzt, wie lange manche Dinge dauern und lässt sich leicht ablenken.

Pünktlich oder Strafe!

Unpünktlichkeit verursacht Kosten in Millionenhöhe, z.B. in Form von nicht erledigter Arbeit, abgesagten Terminen und entgangenen Verträgen. In manchen Unternehmen müssen Arbeitende, die regelmäßig zu spät kommen, sogar Strafe zahlen. In der Sowjetunion 1938 verloren Arbeiter, die mehr als 20 Minuten zu spät kamen, nicht nur ihren Job, sondern auch ihre staatlich unterstützte Wohnung. Heftig!

Das Ende des Kaisers

In China zu Zeiten der Qin-Dynastie wurde jeder, der im Dienst der Regierung stand und zu spät kam, zum Tode verurteilt und hingerichtet. 209 v. Chr. rächte sich diese extreme Bestrafung: Auf ihrem Marsch nach Yuyang wurden zwei Armee-Offiziere, Chen Sheng und Wu Guang, mit ihren 900 Soldaten von einem Unwetter aufgehalten. Angesichts des drohenden Todesurteils organisierten sie einen Aufstand, dem sich Tausende von Soldaten anschlossen. Diese erste Rebellion wurde zwar niedergeschlagen, aber weitere folgten, und wenig später wurde der Qin-Kaiser gestürzt.

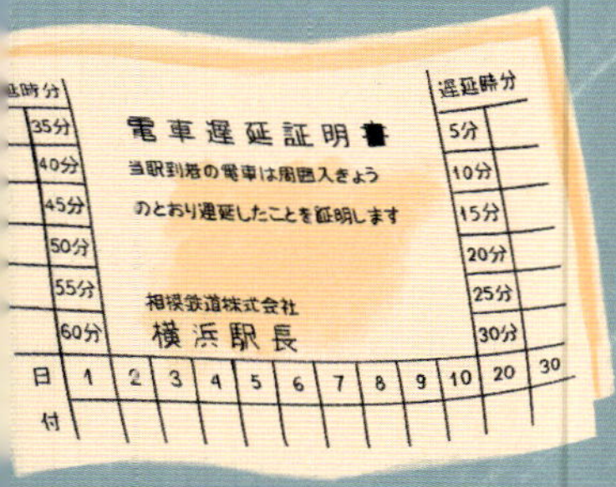

Selten zu spät

In Japan wird von Menschen und Zügen erwartet, dass sie pünktlich sind – und meist sind sie es auch. Ab fünf Minuten Verspätung erhalten Passagiere eine „Zugverspätungsbescheinigung“ (*chien shōmei sho*), die sie in der Schule oder am Arbeitsplatz vorzeigen können: So können sie beweisen, dass die Unpünktlichkeit nicht ihre Schuld war!

Spätes Glück

Manchmal, nur manchmal, fängt auch der späte Vogel den Wurm! 1862 schien der Goldsucher William „Billy“ Barker den richtigen Zeitpunkt verpasst zu haben: Als er in Kanada ankam, waren die besten Gebiete für die Goldsuche schon vergeben. Also begann Barker auf scheinbar aussichtslosem Terrain an einem Fluss nach Gold zu suchen – und hatte Glück! Er entdeckte eine der ergiebigsten Goldadern Kanadas: heutzutage zig Millionen Euro wert.

Das war knapp!

1915 verschlief der berühmte Komponist Jerome Kern und verpasste die Abfahrt des Kreuzfahrtschiffes *Lusitania*, das ihn eigentlich von New York nach Europa bringen sollte. Zum Glück! Das Schiff wurde von einem U-Boot torpediert; die meisten Passagiere und Besatzungsmitglieder starben.

Lange überfällig

Es ist nicht beliebt, die Ausleihfrist von Bibliotheken zu überschreiten, doch wenige Bücher wurden derart spät zurückgegeben wie eines, das 1789 aus der New York Society Library ausgeliehen wurde und erst 2010 zurückkam. Wäre der Schuldige noch am Leben, müsste er über 230.000 € Überziehungsgebühr bezahlen! Wer war's?

Ausgerechnet George Washington, der ach so pünktliche Präsident der Vereinigten Staaten von Amerika!

REKORDZEITEN

Bei vielen Weltrekorden spielt Zeit eine große Rolle. Es gibt alle möglichen Rekorde, ernsthafte wie absurde. Schauen wir uns einige der kürzesten, schnellsten, längsten und langsamsten Zeiten an, die in den Rekordbüchern zu finden sind!

Einmal geblinzelt, und man hatte verpasst, wie Yusheng Du aus China 2018 in nur 3,47 Sekunden einen Zauberwürfel löste. Roboter schaffen das noch schneller, ihr Rekord liegt bei 0,38 Sekunden!

2009 jonglierte der Amerikaner David Slick 12 Stunden und 5 Minuten lang mit drei Bällen, ohne dass einer zu Boden fiel. In dieser Zeit hätten acht Fußballspiele stattfinden können.

Könntest du diese Rekorde brechen?

Probiere zusammen mit deinen Freund*innen, die folgenden Rekorde zu brechen! Wie schneidet ihr im Vergleich zu den Rekordhalter*innen ab? Ihr braucht nur eine Stoppuhr (gibt es auch als App auf dem Smartphone).

SCHACHMATT!

Wenn das komplette Schachfiguren-Set neben dem Schachbrett steht, wie schnell schaffst du es, alle Figuren auf das richtige Feld (Anfangsstellung) zu stellen?

Weltrekord:
30,31 Sekunden
David Rush (USA), 2021.

GUT SORTIERT

Bitte jemanden, ein Kartenset gründlich zu mischen. Wie lange dauert es, alle Karten nach Farbe und Wert (von der 2 bis zum Ass) zu sortieren?

Weltrekord:
35,2 Sekunden
Lim Kai Yi (Malaysia), 2022.

Ivan Scott aus Irland konnte ein voll ausgewachsenes Schaf in nur 37,9 Sekunden komplett scheren – einen Wollpulli anzuziehen, dauert manchmal länger!

Manchmal wird ein Rekord nicht freiwillig aufgestellt. Poon Lim arbeitete im 2. Weltkrieg auf einem Handelsschiff. Als es im Atlantik unterging, stellte er einen Ausdauerrekord auf: Er trieb 133 Tage auf einem 2,4 m langen Floß auf hoher See, bevor er gerettet wurde. Lim überlebte, da es ihm gelang, Regenwasser zum Trinken aufzufangen und sich von Fischen zu ernähren.

KOPF HOCH!

Zwei Luftballons müssen so lange wie möglich in der Luft gehalten werden – allerdings darfst du sie nur mit dem Kopf berühren.

Weltrekord:
6 Minuten, 43,7 Sekunden
Dylan Demers (USA), 2021.

KLOPAPIERTURM

Wie schnell kannst du mit nur einer Hand 10 Rollen Klopapier aufeinander stapeln?

Weltrekord:
5,45 Sekunden
Silvio Sabba (Italien), 2019.

Heute dauern die Runden der Ringkämpfe bei den Olympischen Spielen jeweils 5 Minuten. Früher jedoch kämpften die Kontrahenten so lange, bis es einen Gewinner gab. 1912 dauerte der Wettstreit zwischen dem russischen Ringer Martin Klein und dem Finnen Alfred Asikainen 11 Stunden und 40 Minuten. Klein gewann, war aber natürlich zu erschöpft, um am nächsten Tag um die Goldmedaille zu kämpfen.

2019 gewann Sharofiddin Boltaboev aus Usbekistan den kürzesten Zweikampf im Weltklasse-Judo. Beim Grand Prix in Taschkent lag sein Gegner nach nur 2,88 Sekunden auf dem Rücken.

LUDWIG XIV.

KÖNIGIN ELISABETH II.

2022 feierte die britische Königin ihr 70-jähriges Thronjubiläum. Damit zählt die Herrschaft von Elisabeth II. zu den längsten in der Geschichte und wird nur von Ludwig XIV. übertroffen: Er war 72 Jahre und 110 Tage König in Frankreich.

Ein anderer französischer König, Ludwig XIX., hält den Rekord für die kürzeste Amtszeit: Er dankte nach 20 Minuten ab!

LUDWIG XIX.

Das Restaurant *Karne Garibaldi* in der mexikanischen Stadt Guadalajara nimmt die Bedeutung des Ausdrucks „Fast Food" ernst. Laut Guinnessbuch der Rekorde stand das Essen nach nur 13½ Sekunden auf dem Tisch. Der lombardische Käse Bitto Storico hingegen reift bis zu 18 Jahre lang, bevor er verkauft wird – eine lange Wartezeit, wenn man Hunger hat!

ZEITERSPARNIS

Ständig beschweren sich Leute, dass sie keine Zeit hätten. Wenn du heute in einem reichen Land lebst, bist du von Maschinen umgeben, deren Sinn und Zweck es ist, dir Zeit zu sparen.

Reisezeiten

Viele tausend Jahre lang waren Pferde das schnellste Fortbewegungsmittel. Die Entwicklung der Dampflokomotive in den 1820er Jahren beschleunigte das Reisen drastisch. Ganze 20–30 Jahre dampften sie mit 100 km/h durchs Land. Die heutigen Hochgeschwindigkeitszüge fahren in nur einer Stunde eine vier- bis fünfmal längere Strecke, als ein Reiter zu Pferde an einem ganzen Tag zurücklegen kann.

Am Fließband

In der Vergangenheit wurden die meisten Dinge langsam, mühsam und aufwändig von Hand erledigt. Es dauerte mehrere Tage, ein Automobil zu bauen. Der Amerikaner Ransom Olds änderte das, als er 1902 in seiner Autofabrik die Fließfertigung einführte, bei der jeder Arbeiter immer nur einen Arbeitsschritt erledigte – immer und immer wieder.

Henry Ford entwickelte Olds' Idee weiter und führte das Fließband ein. Das verkürzte die Zeit immens, die es dauerte, um einen Ford Modell T zusammenzubauen: Aus 12–15 Stunden wurde 1 Stunde und 33 Minuten! Es wurden über 15 Millionen Autos dieses Typs gebaut.

Die meisten Produkte werden heute in Masse produziert und am Fließband zusammengebaut, häufig mithilfe von Robotern, um noch mehr Zeit und Personal zu sparen.

Im Haushalt

Als im 20. Jahrhundert die Häuser ans Stromnetz angeschlossen wurden, begann der Siegeszug der elektrischen Haushaltsgeräte. Während man 1900 in den USA pro Woche noch 58 Stunden mit Hausarbeit verbrachte, waren es 2019 nur noch 12 Stunden.

Bevor die Leute eine Waschmaschine hatten, wurde die Wäsche am „Waschtag" den ganzen Tag von Hand geschrubbt.

Eine Atlantiküberquerung von Europa nach Amerika per Segelschiff konnte 6 Wochen oder länger dauern. Dampfschiffe verkürzten die Reisezeit auf 15 Tage, später auf 4–5 Tage. Heute schaffen Flugzeuge die Strecke in 7–10 Stunden.

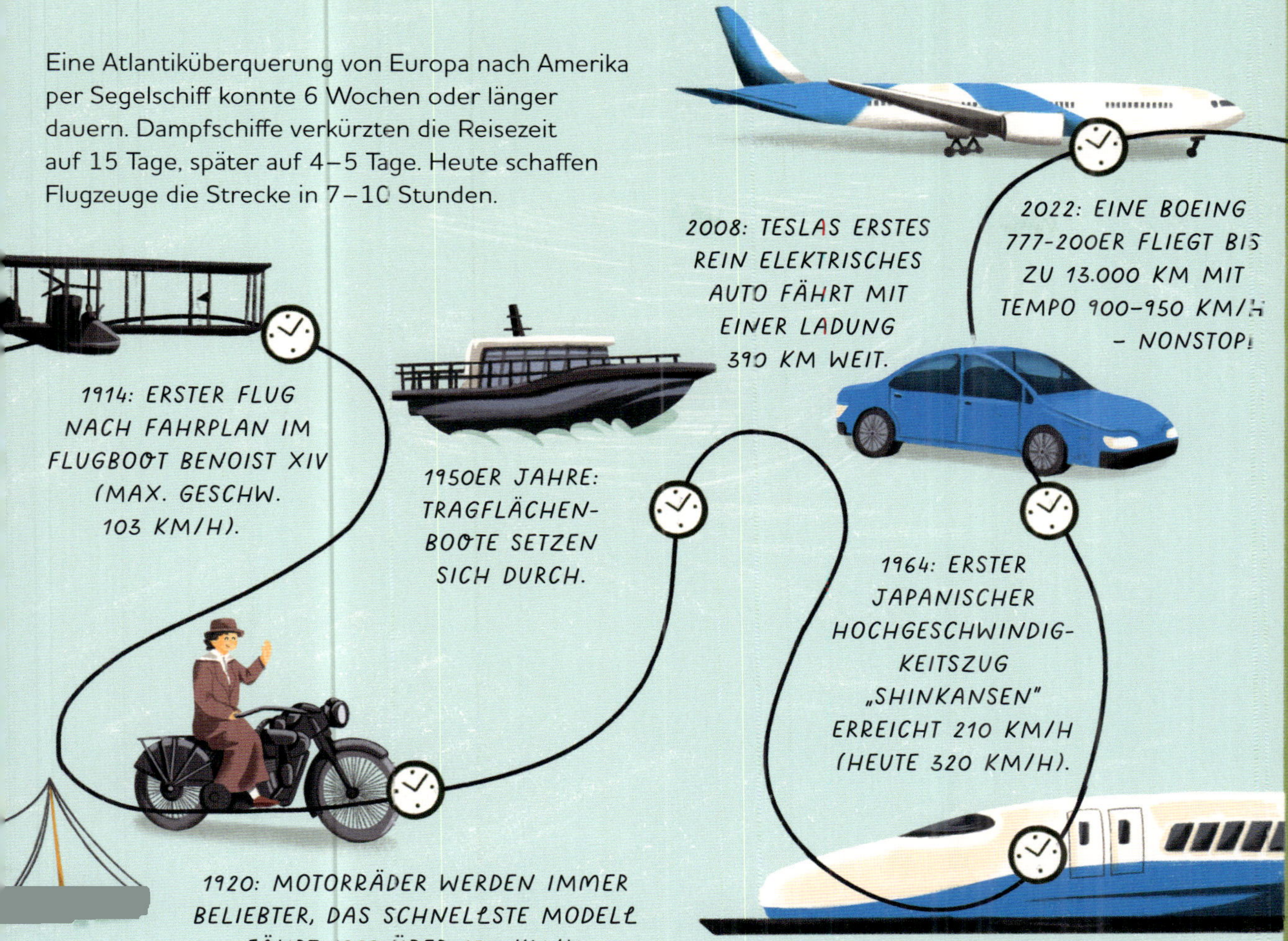

Auf in die Zukunft

Welche großen Zeitersparnisse warten wohl in der Zukunft auf uns? Werden die Insassen selbstfahrender Autos die Fahrtzeit mit schönen Dingen verbringen können? Welche Fortschritte hältst du für möglich, und was würdest du mit all der gesparten Zeit anstellen?

Super, Computer!

Du stöhnst vielleicht über lahme Websites, doch die Datenverarbeitung bei Computern wurde kolossal beschleunigt. Einer der ersten „Allzweckrechner", ENIAC, füllte 1945 ein ganzes Zimmer. Er berechnete die Flugbahnen von Artilleriegeschossen – wofür ein Mensch 12 Stunden brauchte, erledigte ENIAC in nur 30 Sekunden.

Im Laufe der Zeit sind Computer immer kleiner und schneller geworden. 1997 steckten sämtliche ENIAC-Fähigkeiten in einem Mikrochip von der Größe deines Fingernagels! Auch dein Smartphone ist natürlich viel schneller als die ersten Computer. Für das, was ein Supercomputer heute in einer Sekunde berechnet, hätten 1960 alle Computer der Welt mehrere Monate gebraucht!

Der Mensch kann 1 Instruktion pro Sekunde (IPS) verarbeiten, aber ENIAC hatte eine Rechenleistung von 5.000 IPS …

… und beim iPhone sind es über 15 Billionen!

ZEITFRESSER

Wir alle vergeuden manchmal Zeit – wir trödeln herum oder lenken uns ab, anstatt etwas Nützliches zu tun. Die Zeitverschwendung der Extraklasse ist die Prokrastination: Wiederholt verschiebst du eine Aufgabe, von der du weißt, dass du sie erledigen solltest.

Terminterror

Social Media, Videospiele, Fernsehen ... es gibt viele verführerische Möglichkeiten etwas aufzuschieben, auf das wir gerade keine Lust haben. Die Gründe dafür sind vielfältig, ob aus Angst vor dem Scheitern oder weil uns etwas ablenkt, das mehr Spaß macht.

Manche Menschen setzen sich gerne selbst unter Druck, schieben alles bis zur letzten Minute auf und erledigen es erst, wenn dieser Druck zu groß ist. Für die meisten sind „Deadlines" in Schule, Uni und Beruf belastend, da sie Schuldgefühle sowie Stress auslösen und zu Schlafproblemen, Angststörungen und anderen gesundheitlichen Probleme führen können.

Not macht erfinderisch

Vor allem für Schriftsteller*innen ist „Verschieberitis" (Prokrastination) ein Problem. Um Ablenkungen zu vermeiden, mietete sich die US-amerikanische Autorin Maya Angelou ein karges, kleines Hotelzimmer mit nackten Wänden. Ihrem Schriftstellerkollegen Herman Melville fiel es so schwer, seinen weltberühmten Roman *Moby Dick* zu Ende zu schreiben, dass er seine Frau bat, ihn an seinen Schreibtisch zu fesseln! Dem französischen Autor Victor Hugo gelang es auf eine interessante Weise, sich besser auf das Schreiben des *Glöckner von Notre Dame* zu fokussieren: Er zog sich nackt aus und bekam seine Kleider erst am Abend von einem Bediensteten zurück!

Spätes Abendmahl

Bei solch einem Genie, das Brücken, Fallschirme und Hubschrauber entwarf und sogar das berühmteste Gemälde der Welt – *Mona Lisa* – malte, hätte man es vielleicht nicht vermutet, doch der italienische Künstler und Wissenschaftler Leonardo da Vinci war pausenlos von seinen eigenen Gedanken abgelenkt und kritzelte in seinen Notizbüchern herum. Obwohl *Mona Lisa* ein relativ kleines Gemälde und nur 77 x 53 cm groß ist, benötigte da Vinci tatsächlich 16 Jahre für die Fertigstellung. In seiner 45-jährigen Laufbahn vollendete er weniger als 20 Kunstwerke. Eines davon, *Das Abendmahl*, wurde erst fertig, nachdem der Auftraggeber – der Herzog von Mailand – damit drohte, es nicht zu bezahlen!

Schneller Entwurf

1934 nahm der amerikanische Architekt Frank Lloyd Wright den Auftrag an, ein Wohnhaus zu entwerfen. Ein Jahr lang schob er den finalen Entwurf vor sich her, bis der Kunde anrief und ankündigte, dass er später vorbeikommen würde. Wright und sein Team stellten daraufhin den Fallingwater-Entwurf – ein Haus über einem Wasserfall – in zwei Stunden fertig. Dieses Haus wurde eines der bekanntesten Gebäude der USA.

Kostbare Zeit

Dir bleiben jeden Tag viele Stunden zur freien Verfügung – selbst mit ausreichend Schlaf, allen Mahlzeiten und Pflichten im Haushalt. Du solltest nicht unterschätzen, was du in dieser Zeit alles schaffen kannst! Pablo Picasso malte drei Gemälde am Tag, Mozart brauchte nur 4 Tage, um eine ganze Sinfonie zu komponieren, und Adele nahm den Gesang für ihren Hit *Skyfall* in nur 10 Minuten auf.

PABLO PICASSO

Auch wenn du Adele, Mozart oder Picasso nicht nacheiferst und dir das Faulenzen nicht ganz verbieten lassen möchtest, kannst du einen Teil deiner Zeit bestimmt sinnvoller nutzen. Hier sind einige Tipps gegen Prokrastination, die dir dabei helfen können:

- Teile dir eine Aufgabe in mehrere kleine und gut machbare Etappen auf.
- Denke nicht so weit voraus, konzentriere dich auf die aktuelle Etappe.
- Lege dein Smartphone und andere Ablenkungen eine Weile zur Seite.
- Belohne dich, wenn du eine Aufgabe erledigt hast.

ZEITVERGLEICH

In nur 90 Sekunden kannst du dir den neuesten Radiohit anhören, oder mit der kürzesten kommerziellen Flugverbindung von Westray nach Papa Westray (zwei schottische Inseln) fliegen! Auf dieser Doppelseite warten noch weitere verblüffende Zeitvergleiche auf dich.

Das erste Motorflugzeug – der Wright Flyer – wurde von den Brüdern Wright gebaut. Bei seinem ersten Flug war es nur 12 Sekunden in der Luft. Das ist jedoch viermal länger als der Flug der ersten Rakete mit Flüssigtriebwerk von Robert Goddard 1926 (2,5 Sekunden) und dreimal so lang wie ein Top Fuel Drag Race (4 Sekunden).

In der Zeit, die John Isner und Nicolas Mahut damit verbrachten, das längste Profi-Tennismatch aller Zeiten zu spielen (11 Stunden, 5 Minuten), bestieg Lhakpa Gelu Sherpa den Mount Everest und hatte noch 8 Minuten übrig. 2003 war sein Aufstieg der bislang schnellste.

Die erste erfolgreiche Reise um die Welt wurde von Ferdinand Magellan geleitet. Sie begann 1519 und dauerte ganze 1.082 Tage. In dieser Zeit hätte Juri Gagarin, der erste Mensch im All, in seinem Raumschiff Wostok 1 die Erde 14.426 Mal umrunden können. Für eine Erdumkreisung benötigte Gagarin 1 Stunde und 48 Minuten.

Die längste Schachpartie im Rahmen einer Weltmeisterschaft (Karpov gegen Kasparow, 1984–1985) dauerte 159 Tage. Das ist 26½ Mal länger als der Schwede Markus Persson brauchte, um die erste Fassung seines berühmten Computerspiels „Minecraft" zu programmieren.

Folgenschwere Ereignisse sind manchmal erstaunlich kurz. Das Erdbeben, das 1906 San Francisco erschütterte, dauerte nur 60 Sekunden. Es zerstörte 500 Häuserblocks und sorgte dafür, dass die Hälfte der Einwohner obdachlos war. Ein Gepard braucht halb so viel Zeit, um aus dem Stand auf 80 km/h zu beschleunigen, seine Beute zu jagen und sich wieder zu beruhigen. Geparden laufen selten länger als 20–30 Sekunden – mit Höchstgeschwindigkeit.

Samuel Becketts *Atem*, Uraufführung 1969, ist das kürzeste Theaterstück der Welt. Es dauert nur 30 Sekunden – genug Zeit, um das älteste erhaltene Filmfragment 14-mal anzuschauen. Der Film, den der französische Erfinder Louis Le Prince 1888 drehte, trug den Titel *Roundhay Garden Scene*. Das Stück „Gartenszene“, das die Zeit überdauert hat, ist nur 2,11 Sekunden lang.

Deine Haare brauchen 2 Monate, um ca. 2,5 cm zu wachsen. In derselben Zeit legt ein Blauwalbaby bis zu 5.400 kg Gewicht zu – das ist mehr, als ein Monstertruck wiegt!

Das Empire State Building in New York, ein berühmter Wolkenkratzer, wurde in nur 1 Jahr und 45 Tagen erbaut. Zeitweise wurden pro Woche jeweils fünf komplette Stockwerke fertiggestellt! Der Schiefe Turm von Pisa hingegen war erst nach 197 Jahren fertig. Die Bauarbeiten wurden durch Kriege unterbrochen und zogen sich auch deswegen hin, weil der Schiefstand des Turms für Kopfzerbrechen sorgte.

Waleri Poljakow hält den Rekord für die am längsten andauernde Weltraummission. Er verbrachte 437 Tage und 17 Stunden an Bord der Raumstation Mir. In einem Fünftel dieser Zeit radelte Mark Beaumont 2017 um die Welt. Bei seiner Fahrt durch 16 Länder in unter 79 Tagen legte er über 29.000 km zurück.

EINMAL IM LEBEN

Der Sonnenaufgang und -untergang ist nicht das einzige Phänomen, das sich regelmäßig wiederholt. Manche Naturereignisse spielen sich mehrmals täglich ab, andere geschehen hin und wieder. Es gibt aber auch Dinge, die nur einmal im Leben passieren!

Alle paar Minuten

In klaren Nächten kann man alle 10–15 Minuten eine Sternschnuppe entdecken. Es sind Meteore: kleine Gesteins-, Metall- oder Staubpartikel aus dem All, die beim Eintritt in die Erdatmosphäre verglühen.

Viele Geysire stoßen in regelmäßigen Abständen meterhohe Fontänen aus heißem Wasser und Dampf aus. Der „Old Faithful“ im Yellowstone-Nationalpark (USA) bricht tatsächlich fast alle 35–120 Minuten aus.

Alle 6 Monate

Bei einer Gezeitenwelle rollt Wasser, ausgelöst durch die Flut, von der Mündung eines Flusses in Form einer Welle stromaufwärts. Die Amazonaswelle, Pororoca genannt, ist immer zur Tag-Nacht-Gleiche (März und September) am stärksten. Die 4–5 m hohe Welle legt bis zu 800 km flussaufwärts zurück. Unter Surfern ist die grollende Riesenwelle sehr beliebt!

Einmal am Tag

Fledermäuse schlafen tagsüber meist in Höhlen oder Bäumen und gehen bei Sonnenuntergang auf die Jagd. Besonders eindrucksvoll lässt sich das an der Bracken Cave in Texas (USA) beobachten, wo im Sommer ungefähr 15 Millionen Mexikanische Bulldoggfledermäuse allabendlich aus der Höhle ausschwärmen.

Einmal im Jahr

Viele Tierwanderungen finden jährlich statt. Die Tiere wechseln den Ort, um sich fortzupflanzen, der Kälte zu entfliehen oder um Nahrung zu finden. Auf der Weihnachtsinsel im Indischen Ozean wandern Millionen von Roten Landkrabben vom Wald zur Meeresküste, um sich fortzupflanzen. Diese Massenwanderung ist eine Attraktion – der ganze Boden ist rot vor lauter Krabben!

Alle paar Jahre

Die Titanenwurz aus Indonesien blüht in der Regel alle 7–10 Jahre. Ihre Blüten sind weltweit die größten und nur 24–36 Stunden lang geöffnet. Sie verströmen einen intensiven Aasgeruch, was der Pflanze den Spitznamen „Leichenblume“ eingebracht hat.

Alle 45–50 Jahre

Die in Nordindien verbreitete Bambusart namens *Melocanna baccifera* blüht nur alle 45–50 Jahre. In den Blüten wachsen Früchte, die große Massen von Ratten anlocken. Dank des großen Nahrungsangebots kommt es zu einem sprunghaften Anstieg der Rattenpopulation. Das führt dazu, dass die hohe Anzahl an Ratten im Anschluss über die Ernten der örtlichen Bauern herfallen. Häufig zieht das eine Hungersnot (*Mautam*) nach sich. Die nächste Blüte wird Mitte der 2050er Jahre erwartet.

Alle 105 oder 121 Jahre

Wenn ein Objekt wie z. B. ein Planet an einem größeren Objekt wie der Sonne vorbeizieht, spricht man von einem Transit. Der Venustransit vor der Sonne findet abwechselnd in einem kurzen Abstand (8 Jahre) und in einem langen (105 bzw. 121 Jahre) statt. Die letzten Venuspassagen konnte man 2004 und 2012 beobachten, die nächste wird 2117 erwartet.

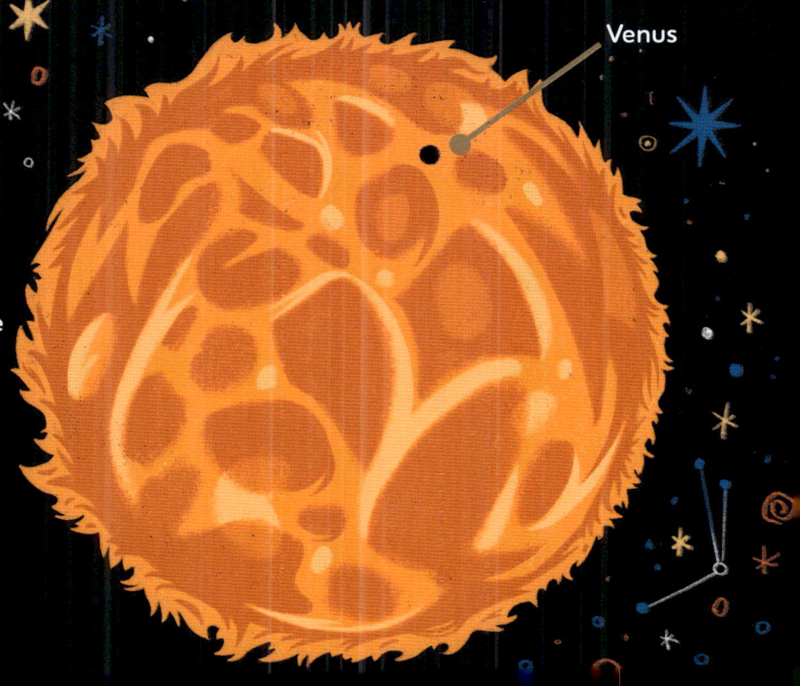

Alle 75–76 Jahre

Der Halleysche Komet ist ein Klumpen aus Eis und Gestein, der um die Sonne kreist. Er kommt nah genug an der Erde vorbei und ist mit bloßem Auge zu sehen – allerdings nur in zeitlich großen Abständen. Zuletzt tauchte der Komet 1986 am Himmel auf und wird erst 2061 wieder erwartet. Andere Kometen kehren häufiger oder aber viel seltener wieder. Der Enckesche Komet hat eine Umlaufzeit von nur 3,3 Jahren, während der Komet Hale-Bopp, der 1997 an der Erde vorbeiflog, erst in 2.533–2.534 Jahren wieder bei uns vorbeischauen wird.

ZEITGEFÜHL

Wie schnell oder langsam die Zeit tatsächlich vergeht und wie du das Vergehen der Zeit empfindest, widerspricht sich allzu oft. Ein interessantes Zusammenspiel von dir, deinem Gehirn und der Zeit.

Unschätzbar

Obwohl Menschen oft gut darin sind, kurze Zeitspannen (einige Sekunden) einzuschätzen, liegen sie bei längeren Zeiträumen oft falsch. Wenn eine Weile nichts passiert, überschätzen wir oft die Dauer dieser Zeitspanne; vor allem wenn wir uns langweilen, kommt es uns so vor, als ob die Zeit viel langsamer vergeht, als sie es in Wirklichkeit tut.

Häufig ist auch das Gegenteil der Fall: Wenn uns interessante Aufgaben und Erlebnisse fesseln und begeistern, neigen wir dazu, die Dauer einer Zeitspanne zu unterschätzen. Was sich für uns wie nur 15 Minuten angefühlt hat, hat in Wirklichkeit 20 oder 25 Minuten gedauert.

Schon vorbei

Alles, was du siehst, hörst und erlebst, liegt faktisch bereits in der Vergangenheit. Das liegt an einer kleinen Verzögerung: Dein Gehirn braucht etwa 0,08 Sekunden, um das zu registrieren, was gerade im Moment geschieht. Diese Zeit brauchen die Signale, um von deinen Sinnesorganen über die Nervenbahnen zum Gehirn zu gelangen, wo die Informationen analysiert werden.

Zeitversuch

Setze dich allein in einen möglichst leeren und ruhigen Raum, ohne Ablenkung. Im Nebenraum stoppt ein*e Freund*in die Zeit. Wenn du denkst, dass 5 Minuten um sind (ohne zu zählen!), rufst du laut „Stopp!“

Tauscht die Rollen! Wer war näher dran?

Wiederholt das Experiment, aber mit einer interessanten Beschäftigung (Spiel, Comic). Wie war dein Zeitgefühl diesmal?

Weißt du noch?

Wir verfügen über zwei Arten von Gedächtnis, die für unterschiedliche Zeitspannen zuständig sind.

Das Kurzzeitgedächtnis speichert Informationen für etwa 15–30 Sekunden und kann nur 4–7 verschiedene Gedanken oder Erlebnisse gleichzeitig verarbeiten. Wenn du nur kurz über etwas nachdenkst, wird es nicht im Kurzzeitgedächtnis gespeichert und du vergisst es.

Wenn unser Gedächtnis einer Information im Kurzzeitgedächtnis Aufmerksamkeit schenkt und mehr als einmal darüber nachdenkt, kann sie ins Langzeitgedächtnis verschoben und in Form von neuronalen Verbindungen in den Gehirnzellen gespeichert werden. Diese Erinnerungen bleiben uns unter Umständen ein Leben lang erhalten.

Bewegte Bilder

Das menschliche Auge und Gehirn kann nur eine bestimmte Anzahl von Bildern pro Sekunde verarbeiten. Ein Bild bleibt kurze Zeit (etwa eine Dreißigstelsekunde) auf der Netzhaut im hinteren Teil des Augapfels, bevor es durch das nächste ersetzt wird. Die Menschen haben gelernt, dies zu nutzen und erfanden die ersten Trick- und Realfilme: Die schnelle Abfolge einzelner Bilder oder Zeichnungen (mindestens 12–15 Bilder pro Sekunde) hält das Gehirn für ein bewegtes Bild bzw. einen Film.

Vorrang im Gehirn

Wenn du eine lange Liste mit Informationen liest, ist es sehr wahrscheinlich, dass du dich vor allem an den ersten Punkt oder die ersten Informationen dieser Liste erinnerst. Das ist der sogenannte „Primäreffekt“. Der „Rezenzeffekt“ wiederum ist dafür verantwortlich, dass dein Gehirn die Dinge bevorzugt, die du zuletzt gelernt oder erlebt hast.

Wenn beide Effekte zusammenkommen, spricht man vom „seriellen Positionseffekt“. Wenn jemand dir also eine lange Liste vorliest, zum Beispiel eine Speisekarte, wirst du dich wahrscheinlich an das erste Gericht auf der Karte und an die letzten paar erinnern, aber nicht an die in der Mitte.

BESONDERE ZEIT-ORTE

Von einzigartigen Uhren und vergrabenen Zeitkapseln bis hin zu Ländern, in denen das Wochenende unter der Woche ist – es gibt Orte, die einen ganz besonderen Bezug zur Zeit haben.

Oslo, Norwegen
Es gibt eine Zeitkapsel, die seit 2014 jedes Jahr mit einem unveröffentlichten Buchmanuskript von 100 Schriftsteller*innen bestückt wird. Die Kapsel soll 2114 geöffnet werden.

Maine, USA
Jack Schoff besaß eine der größten Uhrensammlungen der Welt, bestehend aus 1.509 Uhren in allen Formen und Größen.

Nebraska, USA
Die größte Zeitkapsel der Welt enthält 5.000 verschiedene Objekte, z.B. Münzen, Bücher, aber auch Autos. Am 4. Juli 2025 soll sie geöffnet werden.

Nevada, USA
Beim Burning Man Festival 2011 strahlten drei Laserstrahlen auf kreisförmig angeordnete Türme und schufen die größte Uhr der Welt mit einem 2,8 km breiten Zifferblatt! Die Laser waren der Stunden-, Minuten- bzw. Sekundenzeiger und jeweils 1,6 km lang.

Texas, USA
In einem Stollen tief unter der Erde wird eine riesige mechanische Uhr gebaut, die 10.000 Jahre lang die Zeit anzeigen soll. Die „Uhr des langen Jetzt“ tickt nur einmal im Jahr.

La Paz, Bolivien
Seit 2014 läuft die große Uhr an der Fassade des Parlamentsgebäudes rückwärts – ein Verweis darauf, dass sich auf der Südhalbkugel der Schatten der Sonnenuhr gegen den Uhrzeigersinn bewegt.

Amazonas-Regenwald, Brasilien
Der Stamm der Amondawa hat keine Worte für Tage, Monate oder Jahre. Statt das Alter in Jahren zu zählen, wechseln die Menschen ihren Namen, je nachdem in welcher Lebensphase sie sich befinden.

St. Petersburg, Russland
Der Goldschmied Peter Carl Fabergé fertigte für das russische Königshaus kunstvolle Juwelen, darunter auch erstaunliche eiförmige Uhren, die heute viele Millionen Euro wert sind. Einige Stücke sind im Fabergé-Museum in St. Petersburg zu bewundern.

Thailand
In diesem Land werden zwei Kalender genutzt: der gregorianische Kalender für das alltägliche Leben und ein Mondkalender namens *Patithin Chanthrakhati* für traditionelle Feste und Geburtsurkunden. Dieser Kalender ist dem unsrigen 543 Jahre voraus, unser 2024 ist in Thailand das Jahr 2567!

Halberstadt, Deutschland
Hier wird seit 2001 das längste Orgelstück der Welt aufgeführt. Die letzte Note von „ORGAN²/ASLAP" („so langsam wie möglich") von John Cage wird erst im Jahr 2640 erklingen!

Somalia
Hier gelten Donnerstag und Freitag als Wochenende. Im Jemen war das früher auch der Fall, aber seit 2013 sind es Freitag und Samstag.

Jaipur, Indien
Die größte steinerne Sonnenuhr der Welt, *Samrat Yantra*, ist 27 m hoch. Ihr Schatten wandert in einer Minute 6 cm weiter.

Jack Hills, Australien
Ein im Westen Australiens gefundener Zirkonkristall ist das älteste erhaltene Stück unseres Planeten: Er ist 4,4 Milliarden Jahre alt!

Kapstadt, Südafrika
Seit 1806 wird jeden Tag um 12 Uhr mittags eine Kanone abgefeuert. Heute gibt es sogar einen Twitter-Account, der jeden Mittag „Bumm!" tweetet.

Antarktis
2017 konnte ein Eisbohrkern geborgen werden, der 2,7 Millionen Jahre alte Eisschichten enthält – das älteste Eis der Welt!

DIE VIERTE DIMENSION

Jedes Objekt und auch jeder leere Raum verfügt über drei Dimensionen: Länge, Breite und Höhe. Die Zeit hielt man früher für eine eigene, vom Raum getrennte Dimension. Doch Albert Einstein und einer seiner Lehrer belehrten uns eines Besseren.

Willkommen in der Raumzeit

Der Mathematikprofessor Hermann Minkowski war in den 1890er Jahren einer der Lehrer von Albert Einstein. Anfang des 20. Jahrhunderts zeigte er, inspiriert von seinem ehemaligen Schüler, dass sowohl Zeit als auch Raum Teil eines Ganzen sind: des Raum-Zeit-Kontinuums. Minkowski war überzeugt davon, dass eine Bewegung durch den Raum nicht losgelöst von der Bewegung durch die Zeit betrachtet werden kann.

Würdest du z. B. einmal quer durchs Land fahren, dann wäre das nicht nur eine Reise durch den Raum, vom Start- zum Zielpunkt, sondern auch eine Reise durch die Zeit, denn du wärst viele Stunden unterwegs, um dein Ziel zu ereichen.

Zeitachse

Minkowski entwickelte Diagramme, um das Verhältnis von Raum und Zeit zu veranschaulichen. In seiner vereinfachten, zweidimensionalen Darstellung liegen alle drei Dimensionen des Raumes zusammengefasst auf einer Achse, die Zeit auf der anderen. Selbst ein stillstehendes Objekt wie ein Kühlschrank bewegt sich durch die Zeit, und das kann auf der Zeitachse abgebildet werden.

Das Betrachten von Sternen und Galaxien ist eine Reise in die Vergangenheit. Das Bild, das wir heute von der Andromeda-Galaxie sehen, zeigt in Wirklichkeit, wie sie vor 2,5 Millionen Jahren aussah.

Relativ schlau

1905 veröffentlichte Einstein die erste seiner Theorien über die Relativität, 1916 die zweite. Er zeigte das Verhältnis zwischen Raum und Zeit und ihre Veränderbarkeit.

Einstein erklärte, dass Licht immer mit derselben Geschwindigkeit reist, nämlich unvorstellbaren 299.792.458 Metern pro Sekunde. Zeit und Raum bezeichnete er als relativ, was bedeutet, dass beide unter bestimmten Bedingungen g e d e h n t oder gestaucht werden können. Einstein stellte die Geschwindigkeit von Zeit in Abhängigkeit davon, wie schnell sich ein Objekt bewegt. Nähert sich sein Tempo der Lichtgeschwindigkeit, wird die Zeit g e d e h n t und vergeht langsamer, so Einstein.

Nahe der Lichtgeschwindigkeit verdichtet sich der Raum.

Massenhaft Zeit

Einstein glaubte, dass die Raumzeit durch Objekte mit großer Masse (z. B. riesige Sterne mit großer Menge Ballast) gekrümmt oder verzerrt werden kann. Um das zu verstehen, kann man sich die Raumzeit als riesiges Gummituch vorstellen und die Sonne (als Beispiel für einen großen Stern) als schwere Bowlingkugel.

Ein Objekt mit großer Masse zieht das Tuch herunter, beult es aus und verzerrt die Raumzeit. Lässt man eine Murmel nahe daran vorbeirollen, wird diese in Richtung der Verzerrung im Raum-Zeit-Tuch gelenkt. Einstein ging davon aus, dass diese Verzerrung die Gravitation hervorruft, die einen Planeten auf seiner Umlaufbahn rund um seinen Stern hält.

Einsteins Theorien veränderten den Blick der Menschen auf die Zeit und das Verständnis von den Vorgängen im Universum. Daraus ergaben sich interessante Ideen, wie man Zeit beschleunigen und Zeitreisen (siehe nächste Seite) ermöglichen könnte. Nicht schlecht für jemanden, der nie schwimmen lernte und es hasste, Socken zu tragen!

ZEITREISEN

Eigentlich befindest du dich schon auf einer Zeitreise, denn mit jeder Minute, die vergeht, bewegst du dich durch die Zeit und kommst der Zukunft näher. Bei einer echten Zeitreise könntest du dich schneller bewegen, als die Zeit vergeht und zu einem Zeitpunkt in ferner Zukunft reisen.

Zeitdilatation

Dies ist eine äußerst faszinierende Erkenntnis aus Einsteins Relativitätstheorie: Zeit bewegt sich langsamer, wenn du dich schneller bewegst – vor allem, wenn du schnell genug bist, um fast Lichtgeschwindigkeit zu erreichen! Auch enorme Gravitationskräfte können die Zeit verlangsamen. Dieser komplizierte Effekt wird in der Physik als „Zeitdilatation“ (Zeitdehnung) bezeichnet.

Bislang sind uns nur winzige Dilatationen gelungen. 2015–2016 verbrachte der NASA-Astronaut Scott Kelly 11 Monate an Bord der Internationalen Raumstation (ISS), während sein Zwillingsbruder Mark auf der Erde blieb. Weil die ISS rasend schnell um die Erde kreist, war Scott bei seiner Rückkehr 0,013 Sekunden jünger als sein Bruder.

Mach mal Tempo!

Die ISS saust mit 27.600 km/h durchs All. Licht bewegt sich mit 1,07 Milliarden km/h. Könnten wir uns annähernd so schnell wie das Licht bewegen, würde uns die Zeitdilatation betreffen. Stell dir vor, du bist ein*e 10 Jahre alte*r Astronaut*in auf einer zweijährigen Mission an Bord eines Raumschiffs, das mit 99,9 % der Lichtgeschwindigkeit unterwegs ist. Wenn du zur Erde zurückkehrst, bist du 2 Jahre älter, aber auf der Erde sind mehr als 40 Jahre vergangen – du bist in die Zukunft gereist!

Lahme Ente im All

Im Moment stehen die Chancen schlecht, dass eine Zeitmaschine gebaut wird, die fast mit Lichtgeschwindigkeit reisen kann. Unsere schnellste Maschine ist die Raumsonde „Parker Solar Probe“. Sie ist zwar schnell, erreicht aber maximal nur 0,05 % der Lichtgeschwindigkeit. Gibt es vielleicht eine andere Möglichkeit, durch die Zeit zu reisen? In der Wissenschaft halten das einige für möglich, vor allem wenn die Raumzeit gekrümmt ist.

Wurmlöcher

Ein Wurmloch ist ein potentieller Tunnel mit Ein- und Ausgang, der als Abkürzung zwischen zwei Orten in der Raumzeit dient. Dort wo die Raumzeit extrem stark gekrümmt, gewissermaßen „umgeklappt“ ist, könnten Wurmlöcher existieren und schnelle Zeitreisen ermöglichen. So wäre es möglich schnell an ferne Orte im Weltall zu gelangen, die eigentlich Millionen Jahre von uns entfernt sind.

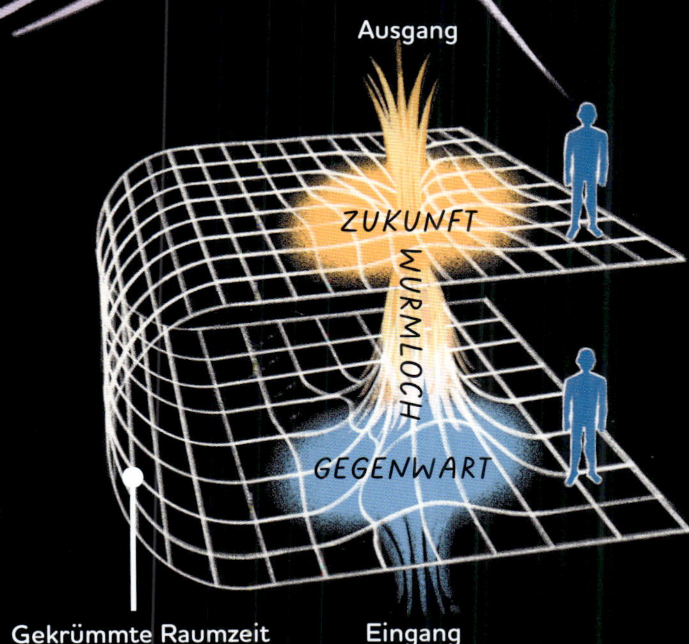

Albert Einstein und Nathan Rosen kamen 1935 auf das Thema Wurmlöcher (diese werden auch Einstein-Rosen-Brücke genannt). Bis jetzt hat die Wissenschaft noch keinen realen Beweis für ihre Existenz gefunden. Selbst wenn es sie gäbe, wäre es vielleicht unmöglich, sie unbeschadet zu durchqueren – doch allein die Vorstellung ist spannend. An welchen Ort und in welche Zeit würdest du durch ein Wurmloch reisen?

RÄTSEL UND PARADOXIEN

Bist du schon dabei, deine Zeitreise zu planen? Du kannst dich entspannen, denn es müssen noch viele Hindernisse aus dem Weg geräumt werden. Für einige logische Widersprüche, sogenannte Paradoxien, ist einfach keine Lösung in Sicht!

Ursache und Wirkung

Wären Zeitreisen in die Vergangenheit überhaupt möglich? Könntest du der jüngeren Version deiner selbst begegnen, und welche Auswirkungen hätte das? Eigentlich kann jemand gar nicht zeitgleich an zwei verschiedenen Orten existieren ...

Manche Denker*innen behaupten, dass das Universum nur dann funktioniert, wenn Zeit sich immer vorwärts bewegt, und dann gelingt auch das Prinzip von Ursache und Wirkung. Die Wissenschaft glaubt, dass Dinge eine Ursache haben – sie passieren nicht von selbst –, die eine Wirkung hervorruft. Wenn also ein Ball rollt (Wirkung), muss ihn *vorher* jemand angestoßen haben (Ursache). Zeitreisen werfen die Frage auf, ob eine Ursache in der Zukunft eine Wirkung in der Vergangenheit hervorrufen kann.

Fermi-Paradoxon

Dieses Paradoxon fragt: „Warum hatten wir noch keinen Kontakt zu Außerirdischen, obwohl es so viele Milliarden erdähnliche Planeten im Universum gibt?“ Man kann es aber auch auf Zeitreisen anwenden: Wenn es irgendwann möglich sein wird, in die Vergangenheit zu reisen, warum haben uns dann noch keine Zeitreisenden aus der Zukunft besucht?

Großmutter-Paradoxon

Dieses Problem beginnt damit, dass du in die Vergangenheit reist: Deine Großeltern leben schon, aber haben selbst noch keine Kinder (deinen Vater/deine Mutter). Was würde geschehen, wenn deine Großmutter versehentlich durch dich zu Tode käme? Dann würde einer deiner Elternteile nie geboren werden und somit wäre auch deine Geburt unmöglich. Würdest du dann verschwinden? Und jetzt kommt der interessante Teil: Wenn du also in der Zukunft nie geboren werden würdest, wie kannst du dann in die Vergangenheit reisen und den Tod deiner Oma verursachen?

Gibt es ein Problem?

Ein anderes Paradoxon dreht sich darum, dass jemand in die Vergangenheit reist, um eine folgenschwere, verhängnisvolle Tat zu verhindern. Das Vermeiden der Tat verursacht aber ein Problem: Zurück in der Vergangenheit wüsste der Zeitreisende nichts von jener Tat, weil es durch ihre Verhinderung auch nicht zu den schlimmen Folgen gekommen wäre. Wenn aber nichts passiert ist, gibt es auch nichts zu verhindern und somit keinen Grund, in die Vergangenheit zu reisen …

Zeitschleife

Stell dir vor, du reist in die Vergangenheit und gibst einem jungen William Shakespeare deine Ausgabe seines Theaterstücks *Macbeth*, um ihm die Mühe zu ersparen, es zu schreiben. Shakespeare veröffentlicht das von dir erhaltene Werk als sein eigenes. Wer ist nun der Autor dieses Textes? Eigentlich gibt es keinen mehr! Das Stück steckt in einer Zeitschleife fest, die keinen Anfang hat und wurde niemals wirklich geschrieben. Verrückt, oder?

DIE ZUKUNFT

Niemand kann mit Sicherheit sagen, was die Zukunft bringen wird, aber das hält die Leute nicht davon ab, Vermutungen anzustellen!

Voll daneben

Geschäftsleute und Investor*innen versuchen, die Zukunft vorherzusagen. Manche behalten Recht und verdienen Milliarden, andere liegen falsch und werden belächelt.

„Das Pferd ist von Dauer, aber das Automobil ist nur eine neue Mode." – Direktor einer US-amerikanischen Bank zur Ford Motor Company, 1903

Heute fahren über 1 Milliarde Autos auf den Straßen der Welt.

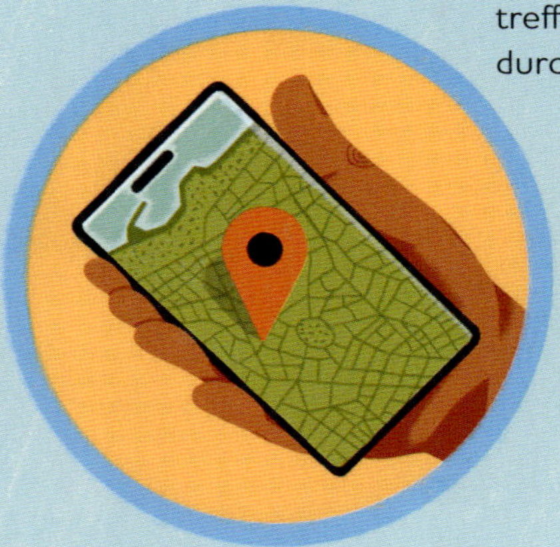

„Es gibt keinen Grund für jemanden, sich einen Computer für zu Hause anschaffen zu wollen." – Ken Olsen, Gründer der Computerfirma DEC, 1977

Die Erfindung von PC, Laptop und Tablet belehrte Olsen eines Besseren.

„Bevor der Mensch zum Mond reist, bringen ferngesteuerte Raketen die Post von New York nach Australien." – Arthur Summerfield, Chef der US-Bundespost, 1959

10 Jahre später stand der erste Mensch auf dem Mond, aber Briefträger sind immer noch zu Fuß oder mit dem Fahrrad unterwegs.

„Rock 'n' Roll? Das ist bis Juni vorbei." – *Variety*, Zeitschrift der Unterhaltungsindustrie, 1955

Da ging es gerade erst los!

Prognosen und Vorhersagen

Um abschätzen zu können, was in der Zukunft passieren könnte, entwickeln die Menschen Modelle und nutzen ihr Wissen über die Geschehnisse der Vergangenheit. Viele der leistungsstärksten Computer, sogenannte Supercomputer, berechnen riesige Simulationen von Wettersystemen, Wirbelstürmen, Erdbeben und Pandemien. So können Vorhersagen getroffen oder fundierte Vermutungen über künftige Bedrohungen geäußert werden.

Weil Dinge sich manchmal unerwartet entwickeln, sind diese Modelle nicht immer treffsicher. Die 7-Tage-Wetterprognose stimmt durchschnittlich für 75 % der Fälle.

Vorbei!

Hört Zeit irgendwann auf? Niemand weiß das. Für die Erde ist es vorbei, wenn die Sonne beginnt zu sterben, denn dann wird sie sich ausdehnen und unseren Planeten „verschlingen". Aber keine Sorge, bis dahin dauert es mindestens noch 5 Milliarden Jahre! Und die Zeit hört nicht auf, nur weil die Erde nicht mehr da ist. Es sind schon viele Planeten und Sterne verschwunden, aber die Zeit gibt es immer noch. Damit es Zeit nicht mehr gibt, müsste schon das Universum aufhören zu exisiteren, was in nächster Zeit nicht zu erwarten ist.

Futurologie

So mancher Schriftsteller feierte große Erfolge mit seinen Prophezeiungen, allen voran der englische Autor H.G. Wells. In seinen Werken aus den 1890er und 1900er Jahren nahm er Panzer, Laser, die Mondlandung, E-Mails und Atomkraft vorweg. Ziemlich beeindruckend! Professionelle Zukunftsforscher untersuchen heutzutage neue Erfindungen, Fortschritt sowie Trends und versuchen vorherzusagen, welche sich durchsetzen könnten und wie sie das Leben der Menschen verändern würden.

Hier sind einige Vorhersagen für 2050:

Schwimmende Fabriken und Lagerhallen auf dem Meer, um Land nicht unnötig zu verschwenden

Insekten als gesunde Eiweißquelle sind selbstverständlicher Teil des Speiseplans.

Autonome Fahr- und Flugzeuge überall

Medizinische Kabinen mit Künstlicher Intelligenz ersetzen Arztbesuche.

Smarte Kleidung überwacht deine Gesundheit und ändert nach Wunsch die Farbe.

Wie stellst **du** dir die Zukunft vor? Wie werden die Menschen leben und sich fortbewegen? Wird es neue Lebensmittel geben? Setze dich mit deinen Freund*innen zusammen und schreibt eure Zukunftsvorhersagen auf!

EINE CHRONIK DER ZEIT

Seit Tausenden von Jahren ist die Zeit nicht nur Forschungsgegenstand, sondern auch Inspirationsquelle. Werfen wir zum Abschluss einen Blick auf einige der wichtigen Momente in der langen Geschichte der Zeit.

Vor 13,77 Mrd. Jahren
Der Anfang des Universums. Laut Urknalltheorie entsteht es aus einem einzigen, unglaublich heißen Punkt und breitet sich seitdem aus.

Vor 4,54 Mrd. Jahren
Unser Planet Erde beginnt sich zu bilden.

3200 v. Chr.
Steinzeitliche Bauern errichten die Grabanlage Newgrange im heutigen Irland. Zur Wintersonnenwende scheint Licht in einen bewusst so ausgerichteten Gang.

3100 v. Chr.
Die Sumerer in Mesopotamien (heute: Irak) erfinden einen der ersten Kalender, der am Mondzyklus orientiert ist.

2100 v. Chr.
Der Kalender der Babylonier hat 354 Tage, unterteilt in 12 Monate. Sie führen auch die 7-Tage-Woche ein. Im alten Ägypten ist in jener Zeit eine 10-Tage-Woche üblich.

1500 v. Chr.
Die älteste bekannte Sonnenuhr wird im alten Ägypten verwendet. Die Tageszeit lässt sich daran ablesen, auf welche Linie der Schatten fällt.

400 v. Chr.
Im antiken Griechenland und Babylon sind Wasseruhren in Gebrauch. Wasser strömt aus einem Behälter und misst das Vergehen der Zeit.

1582
Papst Gregor XIII. verordnet die allgemeine Verwendung des gregorianischen (anstelle des julianischen) Kalenders.

1656
Christiaan Huygens erfindet die erste funktionierende Pendeluhr.

1519
Ferdinand Magellan bricht mit fünf Schiffen zur ersten erfolgreichen Weltumsegelung auf. Jedes Schiff hat 18 Sanduhren an Bord, um unterwegs die Zeit zu messen.

1505
Schlossermeister Peter Henlein baut eine kleine Uhr, die an einer Kette um den Hals oder an der Kleidung getragen werden kann – ein Vorläufer der Armbanduhr.

1386
Die erste schriftliche Erwähnung der ältesten mechanischen Uhr, die heute noch in der Kathedrale von Salisbury (UK) in Betrieb ist.

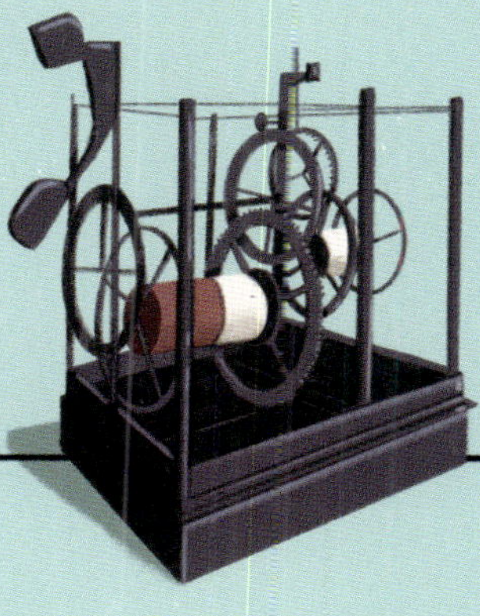

1482–1499
Leonardo da Vinci schreibt sein *Traktat über die Malerei*, in dem er erwähnt, dass Bäume jedes Jahr Ringe bilden, deren Dicke von ihren Wachstumsbedingungen abhängt.

1027
Der persische Arzt und Denker Ibn Sînâ schreibt in seinem *Buch der Genesung*, dass jüngeres Gestein sich in Schichten über älterem ablagert – die Grundlage für die geologische Zeitskala.

725
Der buddhistische Mönch Yi Xing erfindet eine Wasseruhr aus Bronze und Eisen. Sie enthält ein großes Rad, das in 24 Stunden eine volle Umdrehung macht. Jede Stunde läutet ein Glöckchen, und alle 15 Minuten ertönen Trommelschläge.

45 v. Chr.
Im alten Rom wird der neue julianische Kalender mit 365 Tagen eingeführt. Er verbreitet sich in ganz Europa.

400 n. Chr.
In Äthiopien wird ein Kalender entwickelt, den einige noch heute nutzen. Er ist in 13 Monate unterteilt und liegt derzeit 7 Jahre hinter dem gregorianischen Kalender, der auf der Welt mehrheitlich verwendet wird.

520 n. Chr.
Die früheste schriftliche Erwähnung einer Kerzenuhr findet sich in einem Gedicht des chinesischen Autors You Jiangu. Er beschreibt 30 cm hohe Kerzen, die 4 Stunden lang brennen.

1712
Aufgrund kalendarischer Pannen muss Schweden in einem Jahr zwei Schalttage einfügen. In diesem Jahr gibt es im schwedischen Kalender ausnahmsweise einen 30. Februar!

1740er Jahre
Im Schwarzwald wird die erste Kuckucksuhr gebaut. Jede Stunde hüpft ein hölzerner Kuckuck aus der Uhr.

1761
John Harrisons Chronometer H4 wird auf See getestet. Die Uhr ist so genau, dass Seefahrer mit ihr den Längengrad bestimmen und navigieren können.

1814
In London gibt es nun die älteste Uhrensammlung der Welt, „The Clockmakers' Collection". Sie umfasst mehr als 1.250 Zeitmesser.

1832
Das geschätzte Geburtsjahr von Jonathan, einer Seychellen-Riesenschildkröte, die 2022 ihren 190. Geburtstag feierte.

1847
Der Franzose Antoine Redier erfindet den ersten Wecker mit variabel einstellbarer Weckzeit und lässt ihn patentieren.

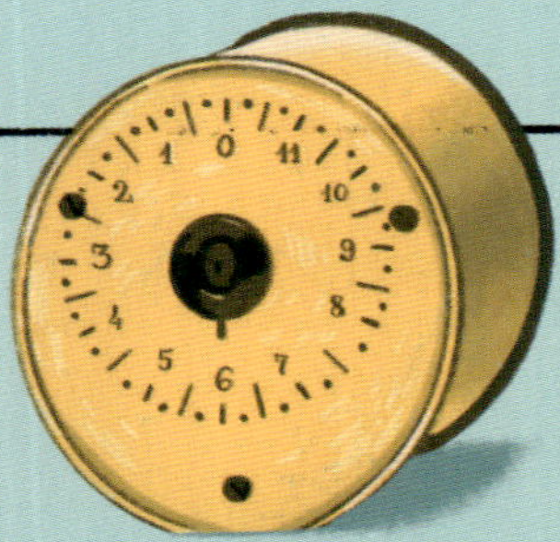

1878
Der kanadische Ingenieur Sir Sandford Fleming empfiehlt allen die 24-Stunden-Uhr und ein weltweites Zeitzonen-System.

1895
Die Zeitmaschine von H.G. Wells wird veröffentlicht. Dieser Science-Fiction-Roman verbreitet die faszinierende Idee der Zeitreise.

1916
Albert Einstein vollendet seine Relativitätstheorie. Sie erklärt, wie Bewegung und Gravitation die Zeit verzerren können und zieht zahleiche weitere Forschungen und Denkmodelle nach sich.

1927
Zwei US-Forscher konstruieren eine Uhr, bei der die Schwingungen eines Quarzkristalls als Taktgeber zur Zeitmessung fungieren.

1929
Der sowjetische Machthaber Josef Stalin schafft das Wochenende ab, um die Fabrikproduktion zu steigern. Das kam bei den Leuten nicht gut an!

2019
Die genaueste Atomuhr der Welt geht in Colorado (USA) in Betrieb. Ihre Abweichung beträgt nur 1 Sekunde alle 15 Milliarden Jahre – länger, als das Universum wahrscheinlich existieren wird.

2021
Der malaysische paralympische Kugelstoßer Muhammad Ziyad Zolkefli erzielt bei den Paralympics 2021 in Tokio die beste Weite und hätte Gold gewonnen! Leider wird er disqualifiziert, weil er 3 Minuten zu spät gekommen war.

2061
Der Halleysche Komet kehrt voraussichtlich zurück und saust an der Erde vorbei.

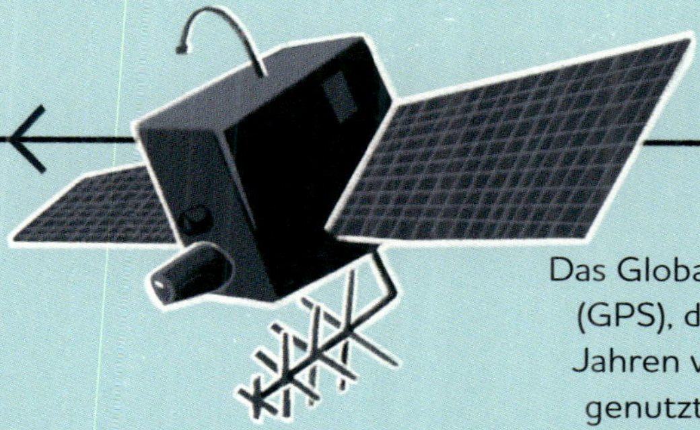

2011
Samoa hat in diesem Jahr keinen 30. Dezember, weil das Land die Zeitzone wechselt. Dadurch soll der Handel mit Australien erleichtert werden. Samoa verliert einen ganzen Tag.

2000
Das Global Positioning System (GPS), das seit den 1980er Jahren vor allem militärisch genutzt wurde, ist nun für die allgemeine zivile Nutzung freigegeben: GPS für alle!

1972
Die „Hamilton Pulsar“ kommt auf den Markt, die erste Digitaluhr der Welt. Sie kostet 2.100 US-Dollar – etwa so viel wie ein Kleinwagen!

1975
Die größte Zeitkapsel der Welt wird in Nebraska (USA) verschlossen. Sie soll 2025 wieder geöffnet werden.

1967
Bei einer Konferenz in Paris wird die Atomzeit eingeführt. Eine Sekunde wird nun definiert als eine bestimmte Anzahl von Schwingungen eines Caesiumatoms – nämlich unvorstellbare 9.192.631.770 davon.

1955
Die erste praxistaugliche Atomuhr wird eingeweiht. Sie geht auf 1 Millisekunde am Tag genau, das entspricht einer Abweichung von 1 Sekunde in ca. 300 Jahren – ein riesiger Fortschritt zur damaligen Zeit!

1946
Der Chemieprofessor Willard Libby schlägt vor, das Alter von ehemals lebenden Organismen mithilfe der Radiokarbonmethode zu bestimmen.

1949
Das National Institute of Standards and Technology (NIST) in den USA entwickelt die erste Atomuhr. Sie ist zwar weniger genau als wissenschaftliche Quarzuhren, beweist aber, dass Atomuhren funktionieren.

GLOSSAR

Äquator Die imaginäre Linie, die auf halbem Weg zwischen Nord- und Südpol rund um die dickste Stelle der Erdkugel verläuft, teilt die Erde in eine nördliche und eine südliche Halbkugel (Hemisphäre).

Äquinoktium (Tag-Nacht-Gleiche) Zweimal im Jahr, im März und im Oktober, sind auf der Nord- und auf der Südhalbkugel Tag und Nacht gleich lang.

Altes Ägypten Eine Hochkultur, die vor ungefähr 5000 Jahren am Nil, im Nordosten Afrikas, entstand und fast 3000 Jahre Bestand hatte.

Astronomie Eine Wissenschaft, die den Weltraum mit all seinen Sternen, Planeten, Galaxien und Kometen erforscht.

Atom Der Grundbaustein für sämtliche Materie im Universum. Alles besteht aus Atomen, auch du.

Atomuhr Eine extrem genaue Uhr, die die Zeit mithilfe der natürlichen Schwingungen von Atomen misst.

Azteken Eine Hochkultur, die im 15. und 16. Jahrhundert, auf dem Gebiet des heutigen Mexiko, über ein großes Reich herrschte.

Babylonien Das Babylonische Reich entstand etwa 1800 v. Chr. im südlichen Mesopotamien (heute Irak).

Byzanz Das Byzantinische Reich, auch Oströmisches Reich genannt, wurde nach der Absetzung des letzten weströmischen Kaisers im Jahr 476 zum Nachfolger des Römischen Reiches. Es bestand bis 1453.

Digitaluhr Eine Uhr, die die Zeit nicht mithilfe von Zifferblatt und Zeigern, sondern in Form von Ziffern anzeigt (z. B. 02:28 oder 17:32 Uhr).

Eisschild Eine dicke Schicht aus Eis und Schnee, die eine große Fläche bedeckt, zum Beispiel an Nord- und Südpol.

Erdachse Eine imaginäre Linie, die vom Nordpol zum Südpol mitten durch die Erde hindurch verläuft. Die Erde dreht sich innerhalb von 24 Stunden einmal um ihre eigene Achse.

GPS (Global Positioning System) Ein Netzwerk aus über 30 Satelliten, mit deren Hilfe der Standort eines Objektes auf der Erde bestimmt werden kann.

Gregorianischer Kalender Der in den meisten Ländern der Welt geltende Kalender. In Europa wurde er im 16. Jahrhundert eingeführt.

Hemisphäre Siehe *Äquator*

Innere Uhr Ein System im menschlichen Körper, das den Überblick über die Zeit behält und automatisches Verhalten steuert, z. B. wann du müde oder hungrig bist.

Internationale Raumstation (ISS) Eine Raumstation, die die Erde umkreist. Ihr erstes Modul wurde 1998 in die Umlaufbahn gebracht. Seitdem wird sie von vielen verschiedenen Ländern permanent weiter ausgebaut. Wechselnde Astronaut*innen führen an Bord Experimente durch.

Julianischer Kalender Der im Jahr 45 v. Chr. von Julius Cäsar eingeführte Kalender, bei dem 365 Tage in 12 Monate unterteilt waren, galt bis zur Einführung des gregorianischen Kalenders im Großteil der westlichen Welt.

Königliches Observatorium von Greenwich Sternwarte in London, die 1675 gegründet wurde, um den Sternenhimmel zu beobachten sowie Navigation und Zeitmessung zu verbessern bzw. zu erforschen.

Koordinierte Weltzeit (UTC) Die mittlere Sonnenzeit am Nullmeridian im britischen Greenwich; entspricht der Westeuropäischen Zeit (WEZ = UTC +0).

Künstliche Intelligenz (KI) Die Fähigkeit einer Maschine, mithilfe von hyperintelligenten Algorithmen menschliche Fähigkeiten wie logisches Denken, Lernen, Planen und Kreativität zu imitieren und Probleme zu lösen (englisch *artificial intelligence*, AI).

Kultur Eine große Gruppe von Menschen, die eine bestimmte gemeinsame Lebensweise pflegen.

Maya Eine Hochkultur in Mesoamerika (heute Mexiko und Mittelamerika) zwischen etwa 1000 v. Chr. und 1600 n. Chr.

mechanisch Von einer Maschine oder einem Mechanismus hergestellt oder angetrieben.

Migration Die jahreszeitliche Wanderbewegung der Tiere von einem Ort zu einem anderen, z. B. um Nahrung zu finden oder sich fortzupflanzen.

Mikrochip Ein winziges Bauteil aus elektronischen Schaltkreisen zum Betrieb von Computern, Smartphones und anderen elektronischen Systemen.

Molekül Zwei oder mehr Atome, die sich verbunden haben. Ein Wasserstoffmolekül besteht z. B. aus zwei Wasserstoffatomen.

Nordpol Der nördlichste Punkt der Erde, am nördlichen Ende der Erdachse. Der Nordpol liegt in der Arktis.

Orbit Die Umlaufbahn, auf der ein Objekt im Weltraum ein anderes umrundet. Der Mond umkreist die Erde, die Erde die Sonne.

Pendel Ein Gewicht, das an einer Schnur oder Kette hängt und frei schwingen kann.

Philosoph*in Eine Person, die sich mit den grundsätzlichen Fragen des menschlichen Daseins befasst, wie z. B. Wissen, Religion oder die Unterscheidung von richtig und falsch.

polar Etwas, das sich auf den Nord- oder Südpol oder deren Umgebung bezieht.

prähistorisch Ein Ereignis, das sich auf den Zeitraum bezieht, bevor Menschen schreiben konnten.

Psychologie Die Wissenschaft vom Erleben und Verhalten des Menschen und seinen seelischen Vorgängen.

radioaktiv Die Eigenschaft bestimmter Atome, die sich im Lauf der Zeit verändern („zerfallen") und kleine Teilchen und Energie in Form von Strahlung freisetzen.

Raumsonde Ein Raumflugkörper ohne Besatzung, der in den Weltraum geschickt wird, um diesen zu erkunden und wissenschaftliche Informationen zu sammeln.

Sanduhr / Stundenglas Ein Zeitmessgerät aus zwei miteinander verbundenen Glaskolben, von denen der obere mit Sand gefüllt ist. In der Regel dauert es eine Stunde, bis der Sand vom oberen Kolben in den unteren gerieselt ist.

Satellit Ein kleines Objekt, das ein größeres Objekt im Weltraum umkreist. Satelliten in der Erdumlaufbahn dienen z. B. der Navigation oder Kommunikation.

Sonnenuhr Ein Instrument, das den von der Sonne verursachten Schatten nutzt, um die Zeit anzuzeigen. Wenn die Sonne über den Himmel wandert, bewegt sich der Schatten eines Zeigers über ein Zifferblatt mit den Stunden des Tages.

Südpol Der südlichste Punkt der Erde, am südlichen Ende der Erdachse. Der Südpol befindet sich in der Antarktis.

Sumerer Eine der ersten großen Hochkulturen der Menschheit, die im südlichen Mesopotamien (auf dem Gebiet des heutigen Irak) gedieh. Sie entstand vor etwa 6000 Jahren und dauerte über 2000 Jahre an.

Universum Alles, was existiert – sämtliche Lebewesen, Planeten, Sterne, das Licht und die Zeit eingeschlossen.

Wasseruhr Ein Instrument zum Messen der Zeit mithilfe des Wasserflusses von einem Behälter zum nächsten.

Weltkrieg, 1. Ein von 1914 bis 1918 dauernder Krieg, an dem neben Deutschland ein Großteil Europas, die USA, Russland und Japan beteiligt waren.

Weltkrieg, 2. Ein von 1939 bis 1945 dauernder Krieg zwischen den Achsenmächten (Deutschland, Italien, Japan) und den Alliierten (Frankreich, Vereinigtes Königreich, USA, Sowjetunion). Viele weitere Länder waren in den Krieg involviert.

Zeitkapsel Ein Behälter, der mit aktuellen Gegenständen und Aufzeichnungen gefüllt und dann versteckt oder vergraben wird, um irgendwann in der Zukunft wieder geöffnet zu werden.

Zeitzone Ein mehrere Regionen umfassendes Gebiet auf der Erde, in dem dieselbe amtliche Uhrzeit gilt. Bezugspunkt ist die koordinierte Weltzeit (UTC).

Zellen Kleine Bausteine, aus denen jedes Lebewesen besteht. Manche (z. B. Bakterien) bestehen nur aus einer Zelle, andere (wie der Mensch) aus Billionen von Zellen.

INDEX